Showdown

Es geht robust zu, wenn männliche Hirschkäfer um einen Ast streiten – und damit um die Gunst einer Liebespartnerin. Zunächst tasten und taktieren die Duellanten, ehe einer schließlich zupackt. Die riesigen Oberkiefer verkeilen sich. Im Zangengriff drängen, rempeln, stoßen sie – bis der Stärkere den anderen vom Ast hebt und in die Tiefe schleudert. Der Sieger sucht nun das Weibchen, das schon in der Nähe wartet. Es hat eine Wunde in die Rinde geschlagen, aus der zur Belohnung köstlicher Baumsaft rinnt. Nach der Paarung aber hat das Männchen all seine Kräfte verbraucht – und stirbt kurz darauf

IHR PERSÖNLICHER
RATGEBER FÜR ZUHAUSE

Mehr Informationen unter:
www.natuerlich-magazin.de

Entdecken Sie die Natur! Mit Förster Peter Wohlleben und Chefredakteur Michael Schaper

Liebe Leserinnen, liebe Leser!

Hier ist es: das neue Naturmagazin von Peter Wohlleben und GEO. Der Bestseller „Das geheime Leben der Bäume" hat eine Welle der Begeisterung hervorgerufen und gezeigt, dass das Interesse an allen Vorgängen im Grünen riesengroß ist.

An dieses Interesse wollen wir mit der neuen Heftreihe anknüpfen. Wir werden Sie mit unserem Magazin fortan viermal pro Jahr zu einer Führung durch die Natur einladen. In einer zunehmend beschleunigten Welt möchten wir Ihnen ein paar Mußestunden schenken – und Sie animieren, das Gelesene draußen selbst zu erleben.

Mögen Sie mitkommen? Dann zeigen wir Ihnen, wie Bäume schlafen, wie eine Wiese klingt und wie aus einer Eichel ein tonnenschwerer Koloss erwächst.

Das Heft lädt ein zum sinnlichen Erleben der heimischen Wildnis. Und zum Staunen darüber, was sich Verblüffendes im Tier- und Pflanzenreich abspielt. Peter Wohlleben entführt Sie beispielsweise in die Weiten Lapplands, wo kein Telefon klingelt und das Zelten an seine Grenzen stößt.

Auch zu Abenteuern in der Nähe brechen wir auf, so zum Bushcrafting in der Eifel. Und wir treffen Menschen, die sich der Natur verbunden fühlen – etwa Waldbesitzer, die erzählen, welche Freunde es macht, einen Forst zu unterhalten, und welche Verantwortung dies mit sich bringt.

Neben der Idylle möchten wir Ihnen auch Nachdenkliches bieten. Dazu spricht Peter Wohlleben mit dem Arzt und Umweltaktivisten Dr. Eckart von Hirschhausen.

Ganz wichtig: Es geht um das Aufzeigen von Lösungen; um die Möglichkeiten, etwas zu ändern. Und dass man etwas ändern kann, möchten wir auch mit dem Inhaltsmaterial dieses Magazins beweisen: Es besteht zu 100 Prozent aus Altpapier.

Dadurch werden Wälder geschont, deren Bäume viel mehr sind als nur ein Rohstofflager. Die grünen Riesen kommunizieren chemisch und wirken sogar auf unseren Blutdruck ein. Wie? Das erzählen wir Ihnen auf dem Spaziergang durch die Natur, der mit dem nächsten Umblättern startet.

Herzlich

Hat Millionen Leser begeistert: Peter Wohllebens Buch über den Wald

Immer wieder staunt das Redaktionsteam über die Wunder da draußen – etwa darüber, dass in einer Handvoll Waldboden mehr Organismen leben als Menschen auf der Erde (Seite 106).

Endlich Frühling! Mit der Sonne kommen auch die Blüten in die Natur – Krokus, Tulpe oder Nelke. Warum das betörende Farbenspiel Ergebnis eines heimlichen Konkurrenzkampfes ist (Seite 50).

Beim Waldbaden dreht Peter Wohlleben das Tempo runter – und wird reich beschenkt *Seite 34*

Keiner sieht so gut wie er: vom Weitblick des Adlers *Seite 74*

Naturglück:

90 %

der Deutschen fühlen sich im Grünen wohl

Forscher versuchen den Sound von Wiese und Wald zu entschlüsseln *Seite 18*

Wenn sich Natur in Kunst verwandelt: bei einem »Land-Art«-Seminar *Seite 96*

Die verblüffende Verwandlung eines Keimlings in einen Baum *Seite 70*

Gäste von Peter Wohlleben erleben die Natur auf ungekannte Weise *Seite 114*

Wusstten Sie, dass männliche Zaunkönige im Frühling etliche Nest-Rohbauten errichten, von denen die baldige Vogelmutter sich den schönsten aussucht? Mehr zur Nestkunst der Vögel auf Seite 26.

Moose können bis zum 20-Fachen ihres eigenen Gewichts an Flüssigkeit aufnehmen. Daher spielen die grünen Polster eine große Rolle für den Wasserhaushalt des Waldes – siehe Seite 80.

Inhalt

Frühjahr 2019

Bewundert, gefürchtet, sagenumwoben: der Fliegenpilz *Seite 24*

Wilde Gefährtin: die besondere Freundschaft mit einer Füchsin *Seite 90*

Im Kollektiv wachsen Ameisen über sich hinaus *Seite 122*

Natur ist für mich weitaus mehr als eine grüne Kulisse: Zwischen Bäumen und Moos fühle ich mich geborgen, zu Hause

Wie ich wurde, wer ich bin

Schon im Alter von sechs Jahren entdeckte ich meine Liebe zur Natur. Seither weiß ich: Wenn's grün ist, bin ich glücklich!

Schon früh habe ich mich zum grünen Schaf der Familie entwickelt

Naturliebe

Bereits als Kind wollte ich Naturschützer werden. Diese tiefe Leidenschaft für die Umwelt hat mich zum Glück nie verlassen

Ziel vor Augen

Die Gemeinde meines Reviers besitzt

400

Hektar Wald, den wir konsequent ökologisch bewirtschaften

Unsere Pferde spüren ganz genau, wie ich drauf bin. Sie erkennen meine Laune oft noch vor mir selbst

Ich habe keinen Zweifel: Tiere haben eine Persönlichkeit. Zum Beispiel unsere Stute Zippy

Verbundenheit und Sehnsucht

Neben meiner Frau und unseren Kindern zähle ich auch einige Tiere zur Familie: unsere Hühner, Ziegen und die Pferde

Unsere zwei Hennen Nelly und Berta leben in einem

150

Quadratmeter großen Auslauf

Pflanzenfreund

Der Beruf des Försters wurde mir nicht in die Wiege gelegt. In den ersten vier Jahren meines Lebens wuchs ich in der Innenstadt von Bonn auf und war noch nicht naturbegeistert: Ich wollte Müllmann werden. Es faszinierte mich, dass die Männer auf dem Tritt hinten am Fahrzeug stehend mitfahren durften.

Doch nach dem Umzug in eine nahe gelegene Kleinstadt wandelte ich mich zum grünen Schaf der Familie.

Warum? Das weiß ich bis heute nicht; fest steht, dass ich schon im Alter von sechs Jahren Naturschützer werden wollte. Ich hielt Spinnen in Gläsern und Wasserschildkröten in einem riesigen Aquarium auf meinem Schreibtisch, der sich unter der Last durchbog.

Später als Gymnasiast brütete ich ein Küken auf dem alten Heizkissen meiner Oma aus, denn ich hatte Bücher von Konrad Lorenz gelesen. Der Biologe beschrieb darin, wie er Graugänse auf sich geprägt hatte, indem er mit ungeschlüpften Küken sprach und sie so glauben ließ, er sei ihre Mutter.

Auch bei mir funktionierte dieses Experiment, doch die Freude währte nicht lange: Das piepende Federknäuel wollte ständig bei mir sein, selbst beim Toilettengang und in der Nacht.

Schon nach wenigen Tagen ging mir das Hühnchen auf die Nerven. Später adoptierte es glücklicherweise mein Englischlehrer, der es noch viele Jahre lang auf seiner Schulter spazieren trug.

Das Studium war öde

Nach der Schule ging es mir wie vielen Abiturienten: Was sollte ich mit meiner Naturliebe bloß anfangen? Ein Biologiestudium erschien logisch, doch dann las ich in der Zeitung eine Anzeige der Bezirksregierung. Die suchte Anwärter für ein Forststudium auf einer Fachhochschule. Ein Förster ist doch so etwas wie ein Waldhüter, oder?

Ich bestand den Aufnahmetest und durchlief ein Studium, dessen Vorlesungen reinem Frontalunterricht glichen. Von morgens acht bis nachmittags um fünf saßen wir in kleinen Hörsälen und schleppten anschließend Berge an Skripten nach Hause, um sie fein säuberlich abzuheften. Die eingestreuten Exkursionen, schon in voller Försteruniform, lockerten den öden Studentenalltag ein wenig auf.

Eine Anzeige in der Zeitung hat mein Leben für immer verändert

Nach der Staatsprüfung wurde ich zunächst in ein Forstamtsbüro versetzt. Förster wollen in den Wald – klar, dass Jungspunde wie ich die unbeliebten Planstellen zu besetzen hatten.

Doch nach vier Jahren durfte ich endlich ein Revier in der Eifel übernehmen sowie ein einsam gelegenes Forsthaus. Zu dem Gebäude gehörten ein großes Grundstück und ein paar Schuppen; viele Jahre zuvor hatten sich Förster hier mit selbst hergestellten Lebensmitteln versorgt.

Meine Frau und ich begannen, diese alte Tradition wieder aufleben zu lassen, und legten nach und nach einen großen Gemüsegarten an. Dazu kamen ein Hund, Hühner, Ziegen, Kaninchen, Pferde und Bienen.

Im Wald startete ich konventionell, wie ich es zuvor im Studium gelernt hatte: kleine Kahlschläge, schwere Maschinen, hier und da Insektizideinsatz. Doch rasch wuchs in mir ein großes Unbehagen, ⤞

Meine ersten Bücher schrieb ich meiner Frau zuliebe – der spätere Erfolg: völlig unerwartet

als ich sah, was ich ganz im Einklang mit der vorgeschriebenen Wirtschaftsform dem Wald antun musste.

War es wirklich angewandter Naturschutz, alte Laubwälder abzuholzen? Ging es nicht auch ohne Chemie? Wie viel zerstörten Boden würde ich hinterlassen, wenn ich das Revier einst an meinen Nachfolger übergeben würde? Ich begann, umherzureisen und den Betreibern ökologischer Forstbetriebe über die Schulter zu sehen.

Die wenigen Kollegen, die sanft mit den Bäumen umgingen und dabei auch finanziell sehr erfolgreich waren, nahm ich mir zum Vorbild. In einem jahrzehntelangen, kräftezehrenden Prozess stellte ich auch in meinem Revier die Forstwirtschaft um. Waldarbeiter und Pferde statt Erntemaschinen, heimische Laubbäume statt Fichten und Kiefern, Verbannung von Chemie. Das Ergebnis: Der Wald atmete auf.

Bald darauf kündigte ich meine Beamtenstelle bei der Staatsforstverwaltung, weil dort der Druck auf mich, doch bitte wieder konventionell zu wirtschaften, immer größer wurde. Stattdessen stellte mich die Gemeinde Wershofen, in der mein Revier lag, als Förster ein.

Deren Bürgermeister war nun mein Chef – und von einer nachhaltigen Waldwirtschaft glücklicherweise ebenso überzeugt wie ich.

Nun schwoll die Arbeit an: Neben einem touristischen Waldprogramm gründete ich einen der ersten Bestattungswälder Deutschlands und versuchte, Umweltgruppen bei der Rettung weiterer Wälder zu helfen.

Eine Krise als Auslöser

Doch die Folge dieser pausenlosen Beanspruchung war ein Burnout, ein Erschöpfungssyndrom, und so wurde mir klar, dass meine Kräfte wie die eines jeden Menschen begrenzt sind.

Ich begab mich in eine Psychotherapie, die zwei Jahre lang dauerte, und begann auf Anraten meiner Frau, Bücher zu schreiben.

Denn sie bekam viele Anfragen von Gästen, die an meinen Waldführungen teilgenommen hatten. Auf diesen Führungen erzählte ich von dem wunderbaren Leben der Bäume, von ihrem Familienleben, von Baumfreundschaften und der Kommunikation.

Nach einem Burnout habe ich die Rolle meines Lebens gefunden: die des Naturschützers

Es war nichts anderes als die Übersetzung aktueller Forschung in die Sprache von Nicht-Wissenschaftlern.

Und weil es dazu keine Bücher gab, schrieb ich sie meiner Frau zuliebe nun halt selber.

Die Auflagen waren allerdings eher niedrig, bis schließlich mein 16. Buch – über „Das geheime Leben der Bäume“ – die Bestsellerlisten im In- und Ausland eroberte.

Ein höchst unerwarteter Erfolg! Was ließ sich damit anfangen?

Mein Sohn schlug vor, eine Akademie zu gründen, in der wir Privatwaldbesitzer beraten, Waldführer ausbilden und in Seminaren interessierte Laien für die heimische Wildnis begeistern.

Und das erwies sich als ein Segen. Denn dort kann ich seither mit Kolleginnen und Kollegen nicht nur den Wald der Gemeinde Wershofen bewirtschaften, sondern ich kann noch mehr Menschen die Wunder des Waldes zeigen – und vor allem ganz viel für den Schutz der Natur tun.

Mein Bruder sagte dazu: Das ist deine letzte berufliche Häutung. Und er hatte recht. Denn was wollte ich als Sechsjähriger werden: Förster? Nein: Naturschützer!

Ein neuer Blick
Bäume kommunizieren miteinander, umsorgen ihren Nachwuchs, haben Gefühle und ein Gedächtnis. Unglaublich, aber wahr! Peter Wohlleben verknüpft in seinem Bestseller wissenschaftliche Erkenntnisse mit eigenen Erfahrungen als Förster – und eröffnet so einen neuen Blick auf den Wald. Mit Erfolg: Mehr als eine Million Mal wurde die deutsche Ausgabe verkauft.

Bei einer Waldführung mit einem Förster kann man Eindrücke sammeln und sich einen Baum als letzte Ruhestätte aussuchen

Oben: Die Asche der Verstorbenen wird in biologisch abbaubaren Urnen beigesetzt *Rechts:* Tafeln mit Namen und Sprüchen machen auf die Ruhestätte aufmerksam

So bleiben Sie der Natur verbunden

Begleiten Sie einen FriedWald-Förster durch einen der Wälder für Naturbestattungen und finden Sie schon zu Lebzeiten Ihre letzte Ruhestätte.

NIRGENDWO kann man so gut zur Ruhe kommen wie im Wald. Was man schon zu Lebzeiten bei langen Spaziergängen merkt, entfaltet im FriedWald eine ganz besondere Wirkung. Seit 2001 bietet das Unternehmen als erster Anbieter in Deutschland Bestattungen unter Bäumen in biologisch abbaubaren Urnen an. Damit schafft FriedWald eine Alternative zu konventionellen Friedhöfen – tröstlich, schlicht gehalten und im Einklang mit der Natur. Inzwischen gibt es über 60 FriedWald-Standorte in ganz Deutschland und Österreich.

Sie möchten einen davon erkunden? FriedWald bietet regelmäßig kostenlose Waldführungen an. An zwei Wochenenden im Monat können Sie in einer kleinen Gruppe von bis zu 20 Personen einen FriedWald-Förster durch sein Gebiet begleiten. Bei dem gemeinsamen Waldspaziergang erfahren Sie alles Wichtige über den Wald, die einzelnen Baumarten und die Beisetzung, Sie sehen den Andachtsplatz und ein Beispiel für ein Urnengrab. Und Sie bekommen Antworten auf Ihre Fragen. Außerdem haben Sie die Möglichkeit, Ihren Baum zu entdecken – von der majestätischen Eiche über eine schlank gewachsene Rotbuche bis zur knorrigen Birke. Auch bei der Baumauswahl berät Sie der Förster und zeigt Ihnen Bäume, die für Sie alleine, eine Gemeinschaft oder für die ganze Familie und Freunde als letzte Ruhestelle dienen können. Den nächstgelegenen Wald finden Sie auf der Website von FriedWald. Melden Sie sich dort auch schnell und einfach für eine der Führungen an. Oder rufen Sie direkt bei FriedWald an unter 06155-848-200.

Mehr Informationen unter: www.friedwald.de

» Moose, Wildblumen oder Laubblätter **verschönern** das Grab. «

FriedWald®
Die Bestattung in der Natur

Hören Sie das?

Die Natur ist weitaus mehr, als wir sehen. Forscher versuchen daher seit einiger Zeit, auch den Sound von Wiese und Wald zu entschlüsseln

Text: Bertram Weiß

sssssssss
ssssssss
sssssss

Schwebfliege
Mit bis zu 300 Flügelschlägen pro Sekunde können diese Insekten in der Luft stehen

bssssssss

Blaue Holzbiene
Die größte heimische Wildbienenart brummt laut, ist aber friedfertig

tschiririliririlitschiririliririli

Feldlerche
Der »Vogel des Jahres 2019« schmettert oft über Minuten in großer Höhe

zilpzalp

Zilpzalp
Lautmalerisch singt der kleine Vogel beständig seinen Namen

zitzitzitzitzit

Grünes Heupferd
Der knipsende Gesang der Heuschrecke schallt bis zu 100 Meter weit

rraaarraaarraaa

Grasfrosch
Mitunter entfernt sich der kleine Lurch auch von Gewässern

Mit der Zeit entfalten sich im Klang der Natur Ordnung, Rhythmus – und Schönheit

Natursound

STILLE ZONE

Klangschutz

Nur sechseinhalb Quadratzentimeter misst die »Klangschutzzone«, die Gordon Hempton, ein Wegbereiter der Klangökologie, im Olympic National Park in den USA ausgerufen hat. So demonstriert er: Selbst ein kleiner Fleck, an dem kein Lärm des Menschen zu hören ist, erzwingt eine riesige, weitgehend unberührte Zone. Hörprobe? Auf: www.onesquareinch.org

Laufen wir im Frühling über eine Wiese, genießen wir vor allem den Anblick; sattgrün leuchten die Gräser, farbenprächtig strahlen die Blüten. Doch da ist noch viel mehr – vor allem, wenn wir die Augen schließen: Die Luft ist erfüllt von einem Summen und Brummen, überall raschelt, sirrt und zirpt die Wiese. Es ist, als habe sie ihren ganz eigenen Klang, ihren Sound.

Wissenschaftler bezeichnen diese Sinfonie der Natur deshalb auch als „Soundscape", als Klanglandschaft. Und sie machen sich neuerdings daran, die Geräuschwelten genauer zu untersuchen.

Natürlich haben Forscher auch früher schon Tierstimmen aufgenommen. Doch in der Regel haben sie einzelne Geräusche isoliert, sie aus ihrem Zusammenhang gerissen – gerade so, als würde man ein einziges Cello in Beethovens 9. Sinfonie hören. Doch wenn man sich nur auf ein Instrument konzentriert, offenbart sich nicht mehr die Brillanz der ganzen Aufführung.

Deshalb nehmen Bio-Akustiker den gesamten Klang einer Landschaft auf. Mit empfindlichen Mikrofonen zeichnen sie den Sound in einem Wald oder an einem Fluss auf, in einem Moor, einer Heide.

Dem ungeübten Hörer bietet sich anfangs eine Kakofonie von Lauten, die völlig ungeordnet erscheinen. Doch bei genauerem Lauschen entfalten sich Ordnung, Rhythmus – und auch Schönheit.

Wer in die Tonlandschaften wilder Lebensräume hineinhorcht, der erkennt zunächst drei Klangquellen. Die „Geofonie" umfasst alle Geräusche, die die unbelebte Natur erzeugt, etwa das Murmeln eines Flusses, das Rauschen in den Baumkronen, das Donnergrollen am Himmel. Diese Klänge haben meist tiefere Frequenzen.

Darüber erhebt sich die „Biofonie": alles Zwitschern, Krächzen und Schnattern der Lebewesen.

Und oft mischen sich in dieses Konzert Töne menschlichen Ursprungs. Etwa das Brausen einer Autobahn, das Getöse eines Flugzeugs. Das ist die „Anthropofonie".

Auch Schall ist eine Ressource

Oft halten die Bio-Akustiker neben den Tönen über längere Zeiträume auch andere Daten fest, etwa zur Temperatur, Uhrzeit oder Luftfeuchtigkeit. Anschließend durchkämmen die Naturtonsammler diese Daten mithilfe von Algorithmen oder erstellen per Computer sogenannte Spektrogramme; ➻

In dem Buch »Das große Orchester der Tiere« schildert Bernie Krause, Pionier der Klangökologie, wie er in etlichen Lebensräumen der Welt ungezählte Stunden Tonmaterial gesammelt hat.

In »World Forum for Acoustic Ecology« vernetzen sich die Natur-Akustiker international, organisieren Konferenzen und veröffentlichen Ergebnisse (im Internet unter www.wfae.net).

1. Murmeltier
Der Nager warnt seine Artgenossen mit gellenden Pfiffen

2. Warzenbeißer
Die Heuschrecke schafft bis zu 10 Laute pro Sekunde

3. Hummel
Ihr Brummen lässt Blüten so beben, dass Pollen rieseln

4. Mönchsgrasmücke
Der Vogel klackert zur Warnung wie mit Kieselsteinen

5. Mäusebussard
Klagend, fast miauend schreit der Greifvogel

1. Stechmücke
Am Summen erkennen die Insekten das andere Geschlecht

2. Seefrosch
Sein keckernder Balzruf erinnert an Gelächter

3. Haubentaucher
Zur Brutzeit tönen Rufe über stille Gewässer, lang und rau

4. Rohrdommel
Ihr tiefer Ruf schallt wie ein Nebelhorn über weite Strecken

5. Sumpfschrecke
Zirpt nicht, sondern erzeugt ein weithin hörbares Knipsen

Lärm stört das *Klanggleichgewicht* – und gefährdet so die Balance der Natur

Haben Sie schon mal versucht, die Temperatur am Zirpen von Heuschrecken herauszuhören? Tatsächlich geht das: Je wärmer es draußen wird, desto aktiver werden die Insekten – und zirpen schneller. Mit ein wenig Übung kann man die Sechsbeiner also wie ein akustisches Thermometer nutzen.

das sind langgestreckte Grafiken, die sich lesen lassen wie eine Partitur. Darin zeigt sich zum Beispiel, dass sich offenbar jede Tierart ein spezifisches Klangspektrum zu sichern scheint – so wie auch Geigen, Holzbläser oder Trompeten in einem Orchester ihre ganz eigene Tonwelt formen, die sich in den Gesamtklang eingliedert.

Denn in der Natur konkurrieren Organismen nicht nur um Nahrung oder Platz: Auch Schall ist eine begrenzte Ressource.

Die benötigen die Tiere etwa, um Partner mit ihren Gesängen anzulocken oder um Artgenossen Warnungen zuzurufen. Und so besetzen die Arten bestimmte Schallfrequenzen oder Tageszeiten für sich, stecken gewissermaßen akustische Territorien ab.

Oft sind die Unterschiede derart fein, dass sie für unser Ohr kaum zu erkennen sind, sondern sich erst am Computer offenbaren. So zirpen beispielsweise fünf verschiedene Arten von Zikaden in einem Lebensraum zuweilen so, dass sich ihre Frequenzen nicht überlagern.

Auch die Pflanzen hören mit

Noch gibt es nur wenige gesicherte Erkenntnisse in diesem jungen Gebiet. Doch es könnte eines Tages helfen, die Gesundheit der Natur zu ermessen. Derzeit arbeiten manche Klangforscher daran, aus den Geräuschtableaus griffige Kennzahlen zu entwickeln, mit deren Hilfe sich beispielsweise bestimmte Folgen des Klimawandels erkennen lassen – oder der Einfluss des überall lärmenden Menschen.

Denn manchmal können schon kleine Veränderungen eine große Wirkung haben. Krötenmännchen zum Beispiel quaken oft völlig synchron; so sind sie für Räuber schwerer auszumachen. Der Lärm eines Flugzeugs aber bringt die Tiere aus dem Takt und verschafft den Räubern so Gelegenheit, mehr Beute zu machen als üblich.

Eine Störung des Klanggleichgewichts gefährdet also auch die Balance des Ökosystems.

Und vermutlich gibt es weitaus mehr Publikum für die Harmonien der Natur als lange gedacht. Denn auch Pflanzen hören mit: Manche Gewächse stellen Abwehrstoffe her, sobald sie das knatschende Kaugeräusch einer Raupe erreicht.

Andere versüßen rasch ihren Nektar, wenn sie die Schallwellen einer Biene im Anflug empfangen.

Die Natur ist also weit mehr, als wir mit den Augen sehen können. Auch auf einer Wiese.

Das Projekt »BEsound« zählt zu den größten klangökologischen Studien in Deutschland: Wissenschaftler der Universität Freiburg sammeln den Sound von 300 Wäldern und Wiesen.

Im Tierstimmenarchiv des Museums für Naturkunde in Berlin katalogisieren Forscher rund 120000 Aufnahmen – und stellen sie zum Teil auch im Internet bereit (www.tierstimmenarchiv.de).

Warum heißt der Fliegenpilz *Fliegenpilz?*

Von der Droge aus dem Unterholz kosteten schon vor Jahrhunderten furchtlose Zeitgenossen. Manche verhielten sich danach wie ein Insekt

Fliegen galten im Mittelalter als Symbol des Wahnsinns – wie irr die Insekten doch umherschwirrten! Und Zeichen des Wahns zeigten sich auch bei all den unvorsichtigen Zeitgenossen, die von dem roten Pilz mit den weißen Punkten kosteten: Sie fühlten sich beschwipst, torkelten wenig später orientierungslos (wahnsinnig wie Fliegen) umher, halluzinierten und fielen schlimmstenfalls ins Koma.

Kein Wunder, dass der Fliegenpilz auch „Narrenschwamm" genannt wurde – und, behutsam getrocknet, schon den Germanen, den Maya und sibirischen Schamanen als Rauschmittel diente.

Auf wundersame Weise, so schien es, entfalteten sich bei den Menschen nach dem Genuss der Pilze hellseherische Kräfte, konnte sich das Bewusstsein bis in die Welt der Geister und Toten erweitern.

Heute wissen wir: Fliegenpilze enthalten diverse Nervengifte wie beispielsweise Ibotensäure, Muscimol und Muscazon, die einen berauschen, aber auch Übelkeit, Erbrechen oder Herzrasen hervorrufen können.

Außerdem kann es zu Hautrötungen und einer Erweiterung der Pupillen kommen – risikofreien Verzehr gibt es nicht. Tödlich sind diese Pilze allerdings meist nicht, selbst einer Fliege tun sie nichts zuleide.

Das kam heraus, als Forscher einer anderen Theorie der Namensgebung auf den Grund gingen: Sie überprüften, ob der Name daher stammt, dass unsere Vorfahren den Fliegenpilz einst womöglich (in Stücke geschnitten und in gezuckerte Milch eingelegt) als Insektenfänger eingesetzt hatten.

Das Ergebnis des Experiments: Zwar ließen sich die Fliegen von der tückischen Milch anlocken, und sie tunkten ihre Rüssel auch begeistert in die für uns Menschen giftige Süße.

Aber nach kurzer Betäubung flogen sie weiter. Und waren anschließend geradezu euphorisiert. ●

Vögel sind virtuose Baumeister:
Wie eine flauschige Kugel
hängt das Nest der Beutelmeise
an einem Weidenzweig

In diesen Bauten stecken 1000 Halme, eine Menge Spucke und 100 Stunden Arbeit!

Text: Regina Franke

E

Egal ob Amsel, Rotkehlchen oder Bussard: Überall sind Vögel jetzt im Frühling mit dem Nestbau beschäftigt. Sie transportieren unentwegt Zweige oder Grashalme, Mulch, Moos oder Lehm zur Baustelle. Und dann flechten sie – oder mauern oder klopfen. Denn die Vielfalt der Nestkonstruktionen ist enorm.

So misst der in den Spitzen von Fichtenzweigen versteckte Bau des Sommergoldhähnchens, ein kunstvoll gewebtes Schälchen aus Moos und Flechten, nur wenige Zentimeter im Durchmesser.

Der Haubentaucher dagegen fertigt im Ufergebüsch von Seen aus Ästchen, Schilfhalmen und Wasserpflanzen ein schwimmendes Nest, das sich nicht selten von seiner Verankerung löst und wie ein zerzaustes Floß dahintreibt.

Der Bienenfresser klopft mit seinem Schnabel 1,50 Meter tiefe Röhren in Sandsteinwände. Der Kleiber mauert den Ausgang seiner mit Rindenstückchen gepolsterten Baumhöhle mit Lehm so weit zu, dass nur ein kleines Ein- und Ausflugsloch bleibt. Und der Schwarzstorch errichtet seinen eindrucksvollen Bau aus Zweigen und Ästen bevorzugt in den Kronen von Eichen; manche der Nester sind weit mehr als einen Meter breit.

Der Bau als Statussymbol

Die Nester sind (oft hervorragend isolierte) Multifunktionsbauten: Anfangs liegen in ihnen die Eier, ➻

Nester am Boden

Direkt auf oder nur knapp über dem Grund gelegene Brutbauten müssen besonders gut getarnt sein

Rebhuhn
Das schlichte Bodennest am Feldrain bietet Platz für ein großes Gelege von gut zehn bis 20 Eiern

Rotkehlchen
Der kleine Sänger errichtet seinen offenen, napfförmigen Bau an Baumwurzeln oder unter Gestrüpp

Zaunkönig
Unter Buschwerk verbirgt der Winzling das bis auf den seitlichen Einschlupf geschlossene Kugelnest

Fitis
Durch Gerank sichtgeschützt ist der aus Halmen und Moos gefertigte Bau des zierlichen Laubsängers

Bachstelze
Die Halbhöhlenbrüter legen Wert auf eine versteckte Brutnische, etwa unter Wurzeltellern oder Holzstegen

Baumpieper
Halboffene Landschaften mit niedrigen Sträuchern bieten dem scheuen Vogel geeignete Nistplätze

Lieferservice

Wenn die Bauten für den Nachwuchs hergerichtet sind und schließlich die Eier im Nest liegen, beginnt die Zeit geduldigen Brütens – und bald darauf die mühsame Aufzucht der stets hungrigen Jungen

Meisterkonstruktion

Tarnfarben

Rohbau errichten, Nest auspolstern, Eier hineinlegen, ausbrüten, unermüdlich Futter für die geschlüpften Kleinen jagen – ob Krähe, Beutelmeise, Storch oder Adler: Im Frühjahr sind Vögel unablässig beschäftigt

Materialbeschaffe

Die Eltern legen sich mächtig ins Zeug

geschützt vor Wetter und Feinden; später sind sie Ort der Brut, wachsen darin die Jungvögel auf.

Zuweilen ist das Nest sogar ein Statussymbol: Dann legt es das Männchen schon vor der Brautschau an und versucht, mit einem aufwendigen Bau bei Weibchen Interesse zu wecken und Nebenbuhler auszustechen – etwa wie der Star, der seine Nester mit auffallendem Grünmaterial dekoriert.

Dutzende Nester pro Saison

Woher aber wissen Vögel, welcher Ort für ihre Brut optimal ist? Woher stammt ihr Können?

Forscher haben herausgefunden, dass die Fähigkeit zum Nestbau nicht, wie früher angenommen, allein instinktgesteuert ist. Vögel schlüpfen keineswegs mit genetisch verankerten Konstruktionsplänen im Kopf aus dem Ei – es spielen wohl auch Erfahrung und Lernfähigkeit eine wichtige Rolle.

So weisen etwa die Nester des afrikanischen Maskenwebers – der pro Brutsaison Dutzende sehr komplexe Bauten fertigt – nicht nur ausgeprägte individuelle Unterschiede in der Flechtweise auf: Die Elternvögel perfektionieren zudem im Laufe des Jahres ihre Fertigkeiten, verschwenden weniger Material, weben rascher und geschickter.

Manche Vogelarten besitzen zudem die Fähigkeit zum cleveren Koordinieren. Schwanzmeisen-Paare etwa werkeln vier Wochen lang ➻

Nester in Bäumen und Sträuchern

Sehr begehrt in der Welt der gefiederten Baumeister ist eine Konstruktion in luftiger Höhe

Pirol
Der scheue schwarz-gelbe Vogel verlegt sein Napfnest in Astgabeln – hoch oben in den Baumkronen

Goldhähnchen
Bei diesem winzigen Hängenest werden Fichtenzweige gekonnt in die Wand des Baus integriert

Singdrossel
Das tiefmuldige Baumnest ist innen mit einer harten Wand aus Holzmulm und Lehm ausgekleidet

Buchfink
Der kleine Vogel verkeilt sein halbkugeliges Nest in Stammgabelungen von Bäumen oder hohen Sträuchern

Gartengrasmücke
Das Nest, nur locker aus Halmen und Moos geflochten, ist in dornigen Hecken gut geschützt

Grauschnäpper
Alte Baumbestände mit Stammhöhlen bieten dem Fliegenfänger optimale Nischen für sein Brutrevier

In meinem Revier haben Schwarzstörche ein Nest errichtet, an dem sie seit zehn Jahren weiterbauen. Die gewaltige Konstruktion wiegt Hunderte Kilo.

Nester am Wasser

Teichränder, Flussufer, Meeresküsten sind beliebte Brutreviere

Höckerschwan
Ende März errichtet diese Schwanenart an Seeufern aus Schilfrohr und Zweigen ein kreisförmiges Nest

Drosselrohrsänger
Das Gräsernest wird wie eine Art Flecht-Napf zwischen Schilfhalmen über dem Wasser aufgehängt

Sandregenpfeifer
Der Küstenvogel bevorzugt für seine Eier, die er in einer Kiesmulde ablegt, kahle Meeresstrände

im Team an ihrem dickwandigen, bis auf ein seitliches Einschlupfloch geschlossenen Nest, das aus Ästchen, Moosen und Flechten besteht. Bei der Zusammenarbeit stimmen sich die künftigen Eltern genau ab, wo und wie sie das eiförmige Eigenheim an dünne Zweigspitzen alter Bäume hängen und austarieren. Und kleiden es dann mit zarten Pflanzenfasern, hauchfeinen Spinnweben und flaumigen Federchen kuschelig aus.

Bei den noch kunstfertigeren Beutelmeisen startet das Männchen zunächst allein mit der birnenförmigen Grundkonstruktion des Nests. Später wird es gemeinsam mit dem Weibchen zu einer Art Beutel aus Pflanzenfasern und Samenwolle vollendet.

Das Weibchen prüft den Rohbau

Um bei einer ersehnten Partnerin zu punkten, muss manches Männchen mit seinem Können zunächst sogar Marketing in eigener Sache betreiben: Der nur neun Gramm schwere Zaunkönig zum Beispiel errichtet gleich mehrere kugelförmige Nest-Rohbauten. Dann lädt er das Weibchen mit zwitschernden Lockrufen zur Besichtigung ein. Nach eingehender Prüfung sucht die baldige Vogelmutter schließlich das schönste unter den Nestern aus, um es dann bezugsfertig mit feinstem Moos auszupolstern.

Ein besonders formbares Nistmaterial verwenden Mehlschwalben, die stets in großen Gruppen nisten. Für ihre geplante Wohnkolonie schaffen sie Hunderte feuchter Lehmklümpchen herbei, vermischen sie mit ihrem Speichel und vermauern sie zu den schalenförmigen Nestern, die dann oft zu Dutzenden nebeneinander an überdachten Hauswänden kleben.

Zigarettenkippen zum Auspolstern

Zuweilen nutzen die Architekten auch eher ungewöhnliches Nistmaterial. Stare zum Beispiel sammeln für ihre Nisthöhle Stengel der Wilden Möhre, die durch ihre pflanzeneigenen Aromastoffe Milben und Läuse in Schach halten und sogar antibakteriell wirken.

Andere Vögel wählen raschelndes Papier, bunte Stofffetzen und helle Plastikfolie, um Aufmerksamkeit zu erregen. Und Großstadt-Spatzen nutzen nikotinhaltige Zigarettenkippen zum Auspolstern ihrer Nester. Ob sie durch die weiche Zellulose dazu verführt werden? Oder Parasiten vertreiben wollen? Das lässt sich nicht eindeutig beantworten, doch finden sich in solchen Nikotin ausdünstenden Kinderstuben weniger Schmarotzer – vermutlich also wirklich eine findige Strategie der Sperlinge.

Längst nicht jede Vogelart aber betreibt überhaupt derart ausgefeilte Kunst am Bau. So muss etwa dem Nachwuchs der Ringeltaube ein wenig kahles Reisig ausreichen, fast provisorisch auf einer Astgabel zusammengesteckt. Schwarzspechte zimmern zwar mit wochenlangem Einsatz eine Bruthöhle in (oft schon morsche) Bäume, polstern die Kinderstube aber nur flüchtig mit ein paar losen Holzspänen aus.

Und ganz ohne Nest kommt der bodenbrütende Flussregenpfeifer aus: Seine wie getupfte Kiesel aussehenden Eier legt der Watvogel in einer Kiesmulde am Gewässerufer ab – eine optimale Tarnung.

Adler nutzen Nester für Jahrzehnte

Andere Vogelarten nutzen jedes Jahr das gleiche Nest und zimmern an dem einmal errichteten Bau immer weiter, bessern und bauen aus.

So fertigen Seeadler in Baumkronen aus Ästen und Zweigen einen Horst, dessen Nistmulde sie mit Gras und Moosen auskleiden.

Schon im ersten Jahr ist der Neubau imposant, misst einen guten Meter und ist bis zu 80 Zentimeter hoch. Doch mit jedem Jahr und jeder neuen Brut tragen die Adler neues Material heran, und so nimmt der Horst immer gewaltigere Ausmaße an. Über Jahrzehnte genutzt, kann ein solcher Altbau zwei Meter breit und fünf Meter hoch sein und mehr als eine halbe Tonne auf die Waage bringen.

Doch ganz gleich ob winziges Napfnest oder mächtiger Horst – stets sorgen nestbauende Vögel optimal für den Erhalt ihrer Art: durch den bestmöglichen Start ihrer Brut ins Leben.

IMPRESSUM

Gruner + Jahr GmbH, Am Baumwall 11,
20459 Hamburg. Postanschrift der Redaktion:
Brieffach 24, 20444 Hamburg.
Tel.: 040/37 03-0, Fax: 040/37 03 56 47
Internet: www.geo.de/wohllebens-welt

CHEFREDAKTEUR
Michael Schaper
CHEFREPORTER
Peter Wohlleben
STELLVERTRETENDER CHEFREDAKTEUR
Rainer Harf
ART DIRECTION
Tanja Senghaas
TEXTREDAKTION
Tilman Botzenhardt, Maria Kirady, Claus Peter Simon, Bertram Weiß, Sebastian Witte
BILDREDAKTION
Lotte Kudicke; Ulrike Jürgens, Carolin Küst, Jochen Raiß
LAYOUT
Matthias Schmidt, Britta Steinbrecht, Katja Wegener
REDAKTIONELLE MITARBEIT
Regina Franke, Dr. Götz Froeschke, Susanne Gilges, Stefan Sedlmair, Bettina Süssemilch
CHEF VOM DIENST/SCHLUSSREDAKTION
Ralf Schulte
TECHNISCHER CHEF VOM DIENST
Rainer Droste
REDAKTIONSASSISTENZ
Ümmük Arslan
HONORARE/SPESEN
Angelika Györffy
GESCHÄFTSFÜHRENDE REDAKTEURIN
Maike Köhler
VERANTWORTLICH FÜR DEN REDAKTIONELLEN INHALT
Michael Schaper
PUBLISHER
Dr. Gerd Brüne, Frank Thomsen
EXECUTIVE DIRECTOR DIRECT SALES
Heiko Hager/G + J Media Sales
VERANTWORTLICH FÜR DEN ANZEIGENTEIL
Daniela Porrmann, Director Brand Solutions, G + J e|MS, Am Baumwall 11, 20459 Hamburg.
Es gilt die jeweils aktuelle Preisliste.
Infos hierzu: www.gujmedia.de
SALES DIRECTOR
Franziska Bauske, DPV Deutscher Pressevertrieb
MARKETING
Pascale Victoir
HERSTELLUNG
G + J Herstellung, Heiko Belitz (Ltg.), Oliver Fehling

Der Export der Zeitschrift WOHLLEBENS WELT und deren Vertrieb im Ausland sind nur mit Genehmigung des Verlages statthaft. WOHLLEBENS WELT darf nur mit Genehmigung des Verlages in Lesezirkeln geführt werden.

Bankverbindung: Deutsche Bank AG Hamburg,
IBAN: DE30200700000032280000,
BIC: DEUTDEHH
Heft-Preis: 6,00 Euro
ISBN 978-3-652-00909-6; ISSN 2628-4448
Litho: Peter Becker GmbH, Würzburg
Druck: Mohn Media Mohndruck GmbH, Gütersloh

GEO-LESERSERVICE

FRAGEN AN DIE REDAKTION
Tel.: 040/37 03 20 84, Fax: 040/37 03 56 48,
E-Mail: briefe@geo.de
ABONNEMENT- UND EINZELHEFT-BESTELLUNG
Online-Kundenservice: www.geo.de/kundenservice
Tel.: 0049/40/55 55 89 90
Service-Zeiten: Mo–Fr 7.30–20 Uhr, Sa 9–14 Uhr
Postanschrift: GEO-Kundenservice, 20080 Hamburg
Preis Jahresabonnement: 24,00 € (D)/ 27,20 € (A)/38,00 sfr (CH)
Preise für weitere Länder auf Anfrage erhältlich.

BILDNACHWEIS

Anordnung im Layout: l. = links, r. = rechts, o. = oben, m. = Mitte, u. = unten

TITEL
Ramon Haindl
SHOWDOWN
Solvin Zankl: 3/4
EDITORIAL
Roman Pawlowski: 5 o.; Brita Sönnichsen: 5 u.; Nomi Baumgartl Eaglewings-Project: 5 (Hintergrund)
INHALT
siehe entsprechende Seiten;
Markus Mauthe/laif: 6/7 (Hintergrund)
WIE ICH WURDE, WER ICH BIN
Getty Images: 8; Henning Ross: 9, 13 o. r., 13 m., 14 (Hintergrund); Peter Wohlleben: 10 (3); Ramon Haindl: 11, 12, 13 o. l., 15, 16 (Hintergrund); Stefan Finger/laif: 13 u. l.; Benne Ochs: 13 u. r.; Illustration: Shutterstock: 16 u. r.
HÖREN SIE DAS?
Getty Images: 18/19; Christopher Lamarka: 20; Dietmar Denger/laif: 21; Illustrationen: Shutterstock: 21 u. (4), 22 u. (5); Illustrationen: Getty Images: 21 u. (1. v. r.), 23 u.; Plainpicture: 22; Ramon Haindl: 23 o.
WARUM HEISST DER FLIEGENPILZ FLIEGENPILZ?
Illustration: Flora Press/Botanical Images: 25
IN DIESEN BAUTEN STECKEN 1000 HALME, EINE MENGE SPUCKE UND 100 STUNDEN ARBEIT!
Martin Siering/Lookphotos: 26/27; Illustrationen: 2019 Verlag Herder GmbH, Freiburg i. Br./Gerd Ohnesorge: 28 (6), 31 (6), 32 l. (3); 100 pro imago life: 29 o. l., 29 m. l., 29 u. r., 30 o. r., 30 zentral; ddp images: 29 o. r.; Action Press: 29 zentral o., 30 u. r.; Agentur Blickwinkel: 29 zentral u., 30 o. l.; Shutterstock: 29 u. l.; Mauritius Images: 30 m. l.; YourPhotoToday/PM: 30 u. l.; Ramon Haindl: 32 r.; Illustration: Shutterstock 33 u.
BESSER ALS WELLNESS
Jens Schwarz/laif: 34; Ramon Haindl: 35, 37 o. r., 37 l. (2. v. o.), 37 zentral o., 37 u. r., 38, 42, 44 o. r.; Evelyn Dragan: 36 l.; Illustrationen: ddp images: 36 r., 39 r., 44 o. l.; Plainpicture: 37 o. l., 37 m. r., 37 l. (2. v. u.), 37 u. l., 39 m., 40/41; Markus Mauthe/laif: 37 zentral u.; Getty Images: 39 l.; Illustration: Getty Images: 43; Illustration: Shutterstock: 44 u. r.
WIE DIE FARBE IN DIE NATUR KOMMT
Plainpicture: 50, 52 m. l., 52 m. r., 54; Getty Images: 51; 100 pro imago life: 52 o., 55 m. l.; F1online: 52 u. l.; Mauritius Images: 52 u. r., 53; ddp images: 55 o.; Colourbox: 55 m. r.; Stocksy: 55 u. l.; Prisma Bildagentur: 55 u. r.; Roman Pawlowski: 57 r.; Plainpicture: 57 m. r.; Illustration: Shutterstock: 57 u. l.
KENNEN SIE DEN BESTATTER DER WALDTIERE?
Illustration: culture-images/Natural History: 59
WEM GEHÖRT DER DEUTSCHE WALD?
Plainpicture: 60/61, 64/65 (Hintergrund), 67 (Hintergrund); Frank Bauer: 62 (Hintergrund), 63, 65 u.; Illustrationen: Rainer Harf: 62 o. r., 64 m., 65 o. l., 67 u. l., 68 m.; Paula Markert: 64 o., 66; Michael Bader: 68/69 o.; Markus Mauthe/laif: 68/69 (Hintergrund); Illustration: Shutterstock: 68 u.; Ramon Haindl: 69 o. r.
WIE AUS ZWEI GRAMM 200 TONNEN WERDEN
Illustrationen: Tim Wehrmann: 70/71, 73 o. r., 73 u. r.; Sesse Lind/Link Image: 70/71 (Hintergrund), 72/73 (Hintergrund); Getty Images: 73 o. l.
MIT DEN AUGEN DES ADLERS
Jacques Olivier Travers: 74/75; Nomi Baumgartl Eaglewings-Project: 76/77, 76 o., 78/79 (Hintergrund), 78 m., 78 u., 79 o.; Plainpicture: 76 u.; Ulla Lohmann: 78 o.
DER WALD IM WALD
Mauritius Images: 80/81, 87 zentral u.; Okapia: 82/83, 89 (Hintergrund); Getty Images: 84/85, 87 m. r., 87 u. l.; Illustration: dpa: 86; Plainpicture: 87 o. l., 87 o. r., 87 l. (2. v. o.), 87 l. (2. v. u.), 87 u. r.; Vario Images: 87 zentral o.; Illustration: Liszt Collection/ARTOTHEK: 89
DAS JAHR MIT SOPHIE
Klaus Echle: 90–95, außer: Ramon Haindl: 95 m.; Illustration: Getty Images: 95 u. l.
IM ATELIER DER NATUR
Urs Siedentop: 96; Rainer Schulz/Schutzstation-Wattenmeer: 97, 99–104; Bernd Jonkmanns/laif: 98; Illustration: Shutterstock: 104 u. r.
1 m^3 WALD
Illustrationen: Tim Wehrmann: 106–109
WESHALB VERSTECKT SICH KEINER SO RAFFINIERT WIE ER?
Illustration: Getty Images: 113
WILLKOMMEN IN MEINEM REVIER
Benne Ochs: 114–121, außer: Illustration: Shutterstock: 120 u.
DER STAAT DER FRAUEN
Illustrationen: Armin Schieb/Sepia: 122–129, außer: Plainpicture: 122 (Hintergrund); Ramon Haindl: 128 o. r.
IN DER LETZTEN WILDNIS EUROPAS
Peter Wohlleben: 130–136; Illustration: Shutterstock: 137
MÜSSEN AUCH BÄUME NACHTS SCHLAFEN?
Illustration: Getty Images: 139
PETER WOHLLEBEN TRIFFT …
Ramon Haindl: 140–143
VORSCHAU
Peter Wohlleben: 144 o., 144 zentral; Plainpicture: 144 u. l.; 100 pro imago life: 144 u. r. ;Silja Longhurst: 145 o. l.; Illustration: Tim Wehrmann: 145 o. r.; Illustration: Mauritius Images/Judy Unger/Alamy: 145 zentral; Evelyn Dragan: 145 u. l.; Anne Gabriel-Jürgens: 145 u. r.
BAUMEISTER
Christian Kutschenreiter: 146/147

Unter Buchen, Lärchen und Fichten tanke ich Kraft. Am besten lässt sich die überaus wohltuende Wirkung des »Waldbadens« erfahren, wenn man einmal ganz für sich allein unterwegs ist

Besser als Wellness

Text: Peter Wohlleben

Forscher wissen: Wenn wir uns bei einem Aufenthalt im Grünen auf die mannigfachen Details der Umgebung einlassen, kommt unser Organismus messbar zur Ruhe

Für mich ist die Beschäftigung mit der Natur wie ein Anti-Stress-Programm

Beim Bad im Wald drehe ich das Tempo runter, lasse mich auf den Moment ein

Grüne Kraft
Bäume erhöhen das Wohlbefinden auf vielfältige Weise: So sorgt allein schon der Anblick von Blättern und Früchten etwa der Eiche für eine positive Stimmung

Wenn ich mich in der Natur bewege, ich Tiere und Pflanzen um mich habe, den Himmel über mir spüre und den Erdboden unter mir: Dann geht es mir gut. Oft genügt es bereits, einfach draußen zu sein, wo es grün ist. Meine Frau und ich haben einen großen Garten, in dem wir Gemüse anbauen. Für mich wirkt die Beschäftigung dort wie ein Anti-Stress-Programm.

Inmitten der Natur stellt sich bei mir fast augenblicklich Freude ein. Und Ruhe. Vor allem dann, wenn ich allein unterwegs bin. Dann genieße ich das Wetter, Wind und Wolken. Und oft kommen mir in der Natur großartige Gedanken und Ideen – eben weil ich nicht irgendeine bestimmte Aufgabe abarbeite.

Diese Zweckfreiheit regt die Kreativität ungemein an, wie Hirnforscher herausgefunden haben. Gerät man beispielsweise in eine Lebenskrise und denkt über eine grundlegende Veränderung in seinem Leben nach, etwa über einen Jobwechsel, dann kann die Atmosphäre des Waldes die Gedanken beflügeln – und einen geradezu spüren lassen, wie der Kontakt zur Natur, zum Lebendigen, einen stärkt und ermutigt.

Duftstoffe für unser Immunsystem

Das geht vermutlich nicht nur mir so. Viele Untersuchungen zeigen, dass die Natur eine heilsame Wirkung auf uns ausübt – auf die Stimmung wie auf den Körper. Gerade Waldspaziergänge entfalten messbare Effekte. Sobald wir einen Forst betreten, schlägt unser Herz ruhiger, der Blutdruck sinkt, im Körper zirkulieren weniger Stresshormone.

Blätter entfalten ihre Heilkraft allein schon, wenn wir sie ansehen: Das Grün wirkt offenbar beruhigend auf Körper und Psyche. Neuere Forschungen belegen gar, dass bestimmte Duftstoffe, die die Bäume ausdünsten, unser Immunsystem stärken (siehe Seite 43). So steigt nach Aufenthalten im Wald die Anzahl wichtiger Abwehrzellen messbar an. Nicht zufällig verbreitet sich auch in Deutschland seit einigen Jahren der aus dem asiatischen Raum stammende Trend des „Shinrin-Yoku“.

Meist findet dieses „Waldbaden“ unter Anleitung eines Experten »→

Das Grün der Natur hilft sogar Kranken bei der Genesung. So erholen sich Patienten in Kliniken nachgewiesenermaßen schneller, wenn sie vom Bett aus auf Bäume vor dem Fenster schauen.

Kanadische Wissenschaftler haben in einer Studie herausgefunden: Je mehr Bäume in einem Stadtviertel von Toronto wuchsen, desto gesünder waren die dort lebenden Menschen im Mittel.

Aufblühen

90 %

der Deutschen erleben laut einer Erhebung Glücksgefühle, wenn sie sich in der Natur aufhalten

Hinschauen

Wahrnehmen

Ich genieße das Eintauchen in das vielfarbige Grün des Waldes

Oft sind wir von Reizen im schnelllebigen Alltag überfordert, in der Natur arbeiten die Sinne dagegen anders: entspannter

Gesunde Aromen Nadelbäume wie die Kiefer verdunsten Stoffe, die beim Menschen häufig die Anzahl von Abwehrzellen erhöhen

statt; dabei werden Aufenthalte in der Natur mit verschiedenen Übungen verknüpft – etwa mit Meditation, dem Training von Achtsamkeit oder sanfter Bewegung wie Qigong.

Lernen, sich im Wald zu entspannen

Vor allem aber geht es darum, alles langsam auszuführen. Kein festgelegtes Ziel zu verfolgen. Das klingt banal, aber manchmal sind ja die banalen Dinge die schwierigsten und wirkungsvollsten.

Ich begrüße diese Entwicklung sehr. Denn viele Menschen trauen sich nicht, einfach in den Wald zu gehen, ohne Ziel, ohne Plan. Und gerade für diejenigen, die sich vielleicht noch nicht sicher in der Wildnis fühlen, ist es ungemein hilfreich, an die Hand genommen zu werden. Und zu erfahren, wie man das am besten anstellt: sich im Wald zu entspannen.

Denn das ist heutzutage nicht selbstverständlich. Die meisten von uns organiseren ihren Aufenthalt in der Natur ähnlich wie ihren Alltag oder den Job: mit festgelegten To-do-Punkten. Wenn sie sich beispielsweise vornehmen, wandern zu gehen, starten sie morgens um acht, erreichen mittags ein anvisiertes Gasthaus und kommen abends wieder am Parkplatz an.

Kaum einer nimmt sich für den Tag nur, sagen wir: 300 Meter vor, weil es einfach so schön ist, und kehrt dann wieder heim. Oft geht es um schieres Tempo: darum also, viel Strecke zu machen. Im Prinzip spricht gegen ein solches Naturerleben nichts – Wandern entspannt ja auch, man verbringt Zeit im Freien, sieht viel. Und doch wird der Wald auf diese Weise mehr oder minder zur Kulisse reduziert.

Beim Waldbaden dagegen drehen wir die Geschwindigkeit runter. Wir lernen, vom Gas zu gehen, legen unsere Ziele beiseite. Wir lassen den Moment bestimmen, was der nächste Augenblick bringt. Und tauchen auf eine ganz eigene Art in die Natur ein.

Das funktioniert meiner Erfahrung nach am besten, wenn einer sich ganz allein in die Natur wagt. Oft lenken sich zwei ja auch dadurch ab, dass sie miteinander reden und so die Aufmerksamkeit für die Natur schmälern. Das Alleinsein im Wald dagegen lädt zu einer besonderen Art der Reflexion ein.

Ich rate jedem, einfach mal eine Isomatte mit in den Wald zu nehmen und sich mindestens eine Stunde unter einen Baum zu legen. Eigentlich ist das nichts anderes als eine Form des Waldbadens – kostenlos, ohne Anleitung. Man liegt eine Stunde oder auch länger »→

75 %

der Befragten einer Studie erklärten, nach einem Waldspaziergang ginge es ihnen besser

Um das Jahr 1900 galten lange Aufenhalte im Wald als einzige wirksame Therapie gegen Tuberkulose. Heute führt man diesen Effekt zum Teil auf die Wirkung botanischer Duftstoffe zurück.

Gut für die Gesundheit sind vor allem die intensiv riechenden Terpenoide, die gerade Nadelgewächse verströmen. Bäume nutzen die flüchtigen Stoffe teils, um Schädlinge abzuwehren.

Die Atmosphäre des Waldes kann die Gedanken beflügeln – und einem so auch psychisch guttun

Das Alleinsein unter
Bäumen inspiriert mich oft
auf ungeahnte Weise

Ich finde immer wieder Orte, an denen ich besonders gut Kraft tanken kann

Beim Waldbaden empfiehlt sich, möglichst keinen Druck auf sich auszuüben, einen Ausflug in die Natur nicht nach Leistung und Effizienz zu beurteilen

Kleinstlebewesen **Auf Blättern, Blüten und Früchten der Bäume leben Bakterien, die oft helfen, Immunerkrankungen zu vermeiden**

auf dem Boden. Wer sich vor ein wenig Schmutz auf der Kleidung nicht scheut, kann auch gern auf die Isomatte verzichten.

Es ist interessant, wie sich die Wahrnehmung in einer solchen Natur-Auszeit verändert. Manch einer von uns wird es derart heimelig finden, dass er nach 15 Minuten einschläft – was natürlich völlig in Ordnung ist. Ein anderer verliert sich nach einer Weile vielleicht mit dem Blick im Geäst über sich, taucht beobachtend ein in das leichte Wogen der Baumkronen.

Wer wach bleibt, wird sicher erleben, wie sich die verschiedenen Sinne anregen lassen. Wie fühlt sich das Moos unter meinen Händen an? Was knackt dort in der Ferne? Ist es angenehm, wie der Wind meine Wangen umschmeichelt?

Vielleicht fällt zwischendurch etwas Nieselregen. Auch das sollte man mal erleben – und versuchen, einen leichten Schauer auszuhalten. Es ist ja nicht gefährlich.

Das Gehirn beginnt bei einer solchen Ruhezeit im Wald schon ➳

FORSCHUNG

Heilsame Duftstoffe

Wissenschaftler haben eine Reihe botanischer Substanzen ermittelt, die wie eine natürliche Medizin wirken

Bei Experten gibt es wenig Zweifel daran, dass es gesund ist, unter Fichten, Buchen und Eichen zu wandeln. Viele Studien belegen: Wer sich im Grünen aufhält, der tut Körper und Geist etwas Gutes. Nach einem Aufenthalt im Wald fühlen sich Menschen zumeist erfrischt. Ausgeruht. Gestärkt. Der Kopf ist wieder frei.

Doch der heilsame Effekt geht noch viel weiter. So haben Forscher herausgefunden: Die Körper von Menschen, die sich in einem Wald aufgehalten haben, produzieren mehr ***Killerzellen***. Das sind jene machtvollen Abwehreinheiten des Immunsystems, die Krankheitserreger und potenzielle Tumorzellen bekämpfen.

Diesen Effekt führen die Wissenschaftler vor allem auf eine Gruppe botanischer Duftstoffe zurück, die wir im Wald einatmen: die Terpenoide.

Mehrere Zehntausend dieser flüchtigen Substanzen sind bekannt, und sie gehören zu jenen Stoffen, die besonders intensiv riechen. Bäumen dienen sie unter anderem als eine Art Kommunikationsmittel untereinander, etwa um Artgenossen vor gefräßigen Insekten zu warnen.

Medizinisch besonders wirksam sind vor allem jene ***Terpenoide***, die Nadelbäume wie etwa Fichten, Kiefern und Tannen verströmen. Unter Laborbedingungen haben Wissenschaftler Terpenoide Zellkulturen zugefügt, die keimende ***Tumoren*** enthielten – und die Naturstoffe töteten die Krebszellen ab. Verfütterten die Forscher Terpenoide an Tiere, die an Krebs litten, bildeten sich deren bösartige Geschwüre zurück.

In anderen Versuchen mit Tieren verhinderten Terpenoide sogar, dass Krebs überhaupt ausbrach. Bislang getestet wurde die Wirkung etwa bei Brust-, Lungen- oder Darmkrebs.

Wie stark die Heilkraft der Bäume beim Menschen ist, wird derzeit erforscht. Immerhin: Wer einen Tag lang ***Waldatmosphäre*** in sich aufnimmt, hat anschließend, so zeigt eine Studie, fast 40 Prozent mehr Killerzellen im Blut – und dieser Effekt hält etwa eine Woche an. Verbringt jemand zwei Tage im Wald, steigert sich die Zahl seiner Killerzellen sogar um 100 Prozent, und es dauert einen ganzen Monat, bis das Niveau wieder sinkt.

Daher lässt sich aus Sicht der Forscher schon heute eine Empfehlung abgeben: Jeder Mensch sollte sich mindestens einmal im Monat für insgesamt zwei volle Tage im Wald aufhalten.

Und Terpenoide tanken.

Allergien entstehen seltener bei Menschen, die sich viel in freier Natur aufhalten. Offenbar kommen sie dort mit einer Vielzahl besonderer Mikroben in Kontakt, die das Immunsystem stärken.

Bäume setzen nicht nur Duftstoffe, sondern auch elektrisch geladene Teilchen frei. Manche Forscher vermuten, dass das Einatmen solcher Partikel das Wohlbefinden des Menschen erhöht.

Luftfilter Besonders an Nadeln bleiben Ruß und Staub haften. So kommt es, dass die Luft im Wald sehr sauber ist

bald anders zu arbeiten. Es wird sonst ja ständig mit Informationen aus unseren Sinnesorganen gespeist. Und die funktionieren nun einmal ganz anders in der Natur, auf eine Weise, die uns beruhigt.

Allein der Sehsinn: Der ist natürlicherweise auf mittlere bis große Distanzen eingestellt. Viele von uns arbeiten aber heutzutage am Monitor oder schauen mehr oder minder ständig auf ihr Smartphone. Für das Auge ist das eine unnatürliche Belastung. Stress. Und unter anderem auch ein Grund für den hohen Anteil an Kurzsichtigen in der Bevölkerung.

Oder die Nase. Weit verbreitet in der Bevölkerung ist das Gerücht, wir Menschen hätten im Vergleich zu den meisten Tieren ein eher schlechtes Riechorgan. Das ist schlicht falsch: Es fehlt uns nur an Übung. Denn im Alltag brauchen wir die Nase kaum.

Das bedeutet nicht, dass wir in der Natur automatisch besser riechen - aber man kann das Riechen nirgendwo besser schulen als im Wald.

Daher sage ich bei meinen Führungen oft: Nehmen Sie bitte einmal einen ganz tiefen Zug Luft und versuchen Sie die einzelnen Aromen zu erschnuppern: trockene Nadeln? Abgestorbenes Holz? Blütenduft?

Und dann gibt die Natur einen wichtigen Schatz frei

Wer eine Stunde lang unter einem Baum liegt, der wird nach einiger Zeit ganz sicher bewusst vielfältige Düfte wahrnehmen – erdige, würzige oder harzige Noten. Und natürlich wird er auch stärker als im Alltag auf Geräusche der Umgebung und die Temperatur achten.

All das beruhigt ungemein, mehr noch: Es beglückt.

Denn durch das Öffnen aller Sinne, durch die achtsame Wahrnehmung der Umwelt, kann – das ist zumindest meine eigene Erfahrung – die Natur ihren vielleicht wichtigsten Schatz preisgeben: die Einsicht, dass nichts im Leben statisch ist, dass sich alles stets im Wandel befindet. Jeder Zustand hat seine Zeit, dauert nicht ewig an.

Und das bedeutet schließlich: Wir können uns und dem Geschehen um uns etwas gelassener begegnen. Und auf diese Weise geradezu körperlich spüren, wie der bewusste Kontakt zum Wald uns stärkt und ermutigt.

Von Ästen und Baumkronen rieseln Millionen Bakterien und mikroskopische Pilze auf Waldbesucher herab. Experten gehen davon aus, dass unser Organismus von diesen Keimen profitiert.

»Shinrin-Yoku« nennen es die Japaner, wenn sie unter Bäumen baden. In Südkorea werden mittlerweile sogar manche Wälder als »Heilforste« ausgewiesen, in denen Patienten genesen sollen.

DEN WALD IN ALLEN FACETTEN ERLEBEN

Waldgeflüster in Bayern

Der Duft nach Moos, Harzen und Erde. Das sanfte Rauschen der Wipfel. Das saftige Grün von Waldwiesen. Kaum etwas schenkt uns eine so tiefe Erholung wie ein Aufenthalt im Wald. Bei einem Urlaub in Bayern entdeckt man den Wald in all seiner Vielfalt: Als Lehrmeister des Lebens. Als kulinarische Schatzkammer. Als Ursprung bayerischer Mythen und Bräuche. Hier kommt man zur Ruhe und lauscht dem Waldgeflüster.

Herzenssache:
Schon als Kind war für Kristin Biebl klar, dass sie Rangerin werden möchte

Der Weg führt immer höher hinauf. Links und rechts mächtige Bäume, deren massive, dicke Stämme eine lange Geschichte erzählen. Hier und da krabbelt ein Insekt, von weitem erklingen die lauten Rufe des Auerhahns. Und plötzlich – oben am Gipfel des Lusen im Bayerischen Wald angekommen – eröffnet sich den Wanderern eine atemberaubende Aussicht auf die Baumwipfel. Rangerin Kristin Biebl hat sie hierher geführt. Gemeinsam mit ihren Kollegen informiert die 27-Jährige Wanderer über den ältesten Nationalpark Deutschlands. Eine Tour mit ihr durch den Bayerischen Wald ist ein unvergessliches Erlebnis: seltene Tiere, geheimnisvolle Moore, Felsblöcke, Mischwälder, alte und tote Bäume, über Jahrhunderte gewachsen, junges Gehölz mit neuem Leben. „Es ist dieser Facettenreichtum, der unsere Region so einzigartig macht", schwärmt Kristin Biebl von ihrer Heimat. Ob eine Tour zu einem der beeindruckenden Forschungsprojekte, ein Besuch im Tierfreigelände oder eine Wanderung durch die faszinierenden Hochmoore: Um die wilde Natur in ihrer Vielseitigkeit in Deutschlands ältestem Nationalpark zu erleben, kommen die Gäste sogar aus Amerika und Australien. Neben den Führungen überprüfen die Ranger die Wege und helfen bei Forschungsprojekten mit. Besonders am Herzen liegt Kristin Biebl dabei der Naturschutz: „Ich möchte unsere Gäste dazu sensibilisieren, die Natur zu schützen und ihnen erklären, was der Nationalpark bedeutet, warum es ihn gibt und warum er gut ist", erklärt die junge Frau.

„Mein Alltag im Wald ist ein echtes Privileg."

Rangerin Kristin Biebl informiert ihre Gäste über die Geheimnisse des Waldes

„Die Wälder sind nicht einfach Staffage, sondern unser ganzes Leben hängt von ihnen ab", weiß auch Peter Naumann. Der Diplom-Forstingenieur ist Sprecher des Bergwaldprojekts, das sich für den Schutz und Umbau der Wälder einsetzt. Das heißt kon-

Axt im Wald:
Peter Naumann packt mit an, wenn es um die Schutzwaldsanierung im Oberallgäu geht

Freiwillige vor:
Wer keine Angst vor steilen Hängen hat und früh aufstehen kann, erfährt beim Einsatz für die Natur eine unglaubliche Befriedigung

kret: Freiwillige krempeln in ihrem Urlaub in unterschiedlichen, meist einwöchigen Arbeitseinsätzen die Ärmel hoch für Bayerns Wälder. Mittlerweile organisiert das Bergwaldprojekt in Deutschland mehr als hundert Einsatzwochen im Jahr an 52 Orten und bringt so jährlich 2.500 Menschen in die Wälder hinein. In Bayern mit seinen ausgedehnten und vielfältigen Wäldern finden besonders viele Projekte statt: In Oberammergau setzten sich die Freiwilligen für die Wiedervernässung der Moore ein. Oder sie forsten bei Sonthofen-Wertach im Oberallgäu den durch Winterstürme zerstörten Bergwald mit tausenden kleinen Weißtannen wieder auf. Doch nicht nur der Wald profitiert vom Engagement der Menschen – die Arbeit beim Bergwaldprojekt sei ein großer persönlicher Gewinn für jeden, findet Peter Naumann. Denn wenn die müden Waldfreunde abends erschöpft am Lagerfeuer sitzen und das von eigens angestellten Köchen gekochte regionale Bio-Essen genießen, stellt sich eine große innere Zufriedenheit ein. „Mit dem Pflanzen eines Baumes habe ich die Möglichkeit, schöpferisch und kreativ in unser aller Leben einzugreifen", sagt der Forstingenieur. Und durch diese Nähe zur Natur findet so mancher Teilnehmer wieder zu sich selbst.

Weitere Tipps der Bayern-Botschafter

KRISTINS TIPP
Rachel-Wanderung

„Auf dem Lusen bin ich sehr gerne, aber noch lieber auf dem Rachel. Dort sind nicht so viele Menschen. Ich genieße an diesem Ort eine gewisse Einsamkeit.

Dafür ist der Weg zum Rachel aber auch ein bisschen anstrengender als der zum Lusen."

PETERS TIPP
Gunzesrieder Ach

„Ich wohne in Kempten und gehe zur Erholung am liebsten an die Gunzesrieder Ach mitten im Naturpark.

Von der Gunzesrieder Säge laufe ich an dem naturnahen Wildbach entlang, der sich eintieft wie der Grand Canyon. Dort gibt es überall tolle Plätze. Außerhalb der Hauptsaison bin ich an diesen Orten oft völlig alleine."

Wald tut gut: Noch Tage nach dem Waldbad spürt man den positiven Effekt

Alle Sinne auf Empfang: So ist das Naturerlebnis noch intensiver

Zu Selbstreflexion, Achtsamkeit und innerer Ruhe möchte auch Sonja Still den Menschen verhelfen. Die Heimatführerin nimmt ihre Gäste rund um den Kurort Bad Wiessee am Tegernsee mit zum Waldbaden: Morgendliches Vogelgezwitscher, Sonnenstrahlen brechen durch die Zweige und zwischen den Bäumen leuchtet das glitzernde Blaugrün des Tegernsees. Auf einem Wald-Trampelpfad spaziert eine Gruppe Wanderer ganz langsam, nahezu bedächtig auf den federnden Mooskissen. Dabei lassen sie die Blicke über den Waldboden schweifen. „Schaut mal dort, die Pilze. Und hier, die Bucheckern", weist die Heimatführerin leise auf all die wundersamen Kleinigkeiten hin, die meist unbemerkt bleiben. Ansonsten ist es still. Ruhe des Waldes – Ruhe der Gedanken. Der Wald als Ruheraum, in dem wir neue Kraft schöpfen und gesunden, um das Leben wieder beherzt zu schultern – für Sonja Still ist das auch ein soziales Thema. „Wir Menschen gestatten uns nicht mehr, langsam zu sein, aufzutanken. Indem wir permanent funktionieren, können wir aber nichts mehr geben. Wenn wir einander wieder etwas geben, dann haben wir es auch als Gesellschaft besser", so ihr Credo. Wer sich regelmäßig etwas so Elementares wie einen Waldspaziergang gönne, lebe glücklicher und zufriedener. Die heilsame Wirkung des Waldes ist mittlerweile nicht nur wissenschaftlich nachgewiesen, sondern man sieht sie auch ihren Ausflugsgästen an: Rotwangig und mit strahlenden Augen stehen sie auf einer Anhöhe und lassen den Blick über das Postkartenidyll zu ihren Füßen streifen.

Waldbaden-Expertin aus Passion: Für Sonja Still ist klar – so eine Landschaft wie am Tegernsee gibt's auf der ganzen Welt nicht mehr

TIPP:
Mehr zum Thema Waldbaden und dem gesunden Eintauchen in die Waldatmosphäre erfahren Sie unter www.gsunde-gschichten.de – dem Blog der bayerischen Heilbäder und Kurorte. Diese bieten neben wohltuenden Walderlebnissen übrigens auch zahlreiche weitere Energie- und Fit-Angebote rund um das Thema Natur und Naturheilmittel.

Mehr als Unkraut:
Für Bernhard Raab wird der Wald zur Speisekammer

„Essbares Fichtelgebirge“:
In Kochkursen lernen Hobbyköche die Schätze des Fichtelgebirges zu verarbeiten

Wer achtsam durch den Wald spaziert, entdeckt viele Wildkräuter und Früchte des Waldes, die er später in der Küche verarbeiten kann. So wie Bernhard Raab, Mitglied im Verein „Essbares Fichtelgebirge e. V.“. Der Zusammenschluss von derzeit 13 Gastronomen bildet Köche und Bäcker zu Kräuterexperten aus und möchte so die natürlichen Schätze des Fichtelgebirges wieder bekannter machen. Brennnessel, Giersch, Spitzwegerich, Wiesenschaumkraut – was für viele nur Unkraut ist, verwandelt sich in den Händen von Bernhard Raab und seinen Kollegen zur Delikatesse. Jeden Monat wird ein „Wildkraut des Monats“ gekürt, aus dem die angeschlossenen Betriebe ihre eigenen Gerichte kreieren. Gäste, die selbst sehen wollen, wo die wilden Köstlichkeiten wachsen, nehmen an einer vom Verein organisierten Wildkräuterwanderung teil. Oder sie lernen in einem der Kochevents, wie man junge Fichtenspitzen, Löwenzahn & Co. selbst zubereitet. Ein Ausflug ins Fichtelgebirge wird so zur Reise in die Welt der Aromen und kulinarischen Überraschungen, denn alle Köche im Verein probieren gerne ungewöhnliche Kombinationen. „Pilze mit Spitzwegerich etwa“, schlägt Bernhard Raab vor. „Ich lege die Knospen des Löwenzahns auch gerne ein wie Kapern und serviere sie zu einem schönen Saiblingsfilet.“ Dass ihm die Ideen nicht ausgehen, dafür sorgt der Austausch mit Gleichgesinnten im Verein „Essbares Fichtelgebirge“. Vor allem aber: seine große Inspirationsquelle – der Wald.

Weitere Waldgeschichten, Podcasts und Ausflugstipps: www.bayern.by/wald

Noch mehr Tipps der Bayern-Botschafter

SONJAS TIPP
Weissach Auen

„Ich bin sehr gerne an der Weissach in Kreuth. Bei den Kreuthern findet man dieses Erdige, den Bodenbezug. Gehen Sie durch die Weissach Auen, ein altes

Almgebiet, das die Weissach-Bauern seit tausend Jahren nach alten Regeln bewirtschaften, was oft gar nicht leicht ist. Hier gibt es noch ganz viel Schönes, das wir erhalten sollten.

BERNHARDS TIPP
Weißmainfelsen

„In unserer Region rund um Mehlmeisel ist der Wald noch richtig urig und nicht überlaufen. Es gibt wunderbare Wanderwege mit Touren für jeden. Mein Lieblingswanderweg geht zum Weißmainfelsen unterhalb des Ochsenkopfs.“

Ein einziger Kirschbaum bildet bis zu eine Million Blüten

Wie die Farbe in die Natur kommt

Schrille Farben, schräge Formen, betörende Düfte: Mit allen Mitteln kämpfen Pflanzen um die Aufmerksamkeit der Insekten – viele haben sich sogar auf bestimmte Vorlieben ihrer Besucher spezialisiert

Text: Maria Kirady

Tulpen-Magnolie

Insekten sehen völlig andere Blütenfarben als wir

1. Schneeglöckchen
Spezielle Pigmente in der Blüte reflektieren UV-Licht, das viele Insekten im Gegensatz zu uns wahrnehmen

2. Narzisse
Sogenannte Duftmale im Inneren der Blüte produzieren flüchtige Substanzen, die Bestäuber anlocken

3. Mohn
Rot können Bienen nicht sehen: Die Farbe erscheint ihnen vermutlich blauviolett

4. Apfelbaum
Erblüht seit einigen Jahren immer früher – ein Indikator für Klimaveränderungen

5. Tulpe
Es gibt rund 3000 Sorten. Die Streifen entstehen in freier Natur meist durch Virusinfektionen

Mehrere
1000
Farbtöne existieren im Reich der Pflanzen

Violette Lichtnelken haben sich auf Schmetterlinge spezialisiert: Nur wer einen langen Rüssel hat, kommt an ihren Nektar

Elegante Variation

Die tiefdunkle »Königin der Nacht« ist eine eher seltene Tulpensorte

Der Krokus lebt in Rudeln

1. Krokuswiese
Anhand von Wärme und Licht erkennen die Pflanzen, wann es Zeit ist zu blühen – und öffnen sich alle fast zugleich

2. Hyazinthe
Das helle Blau wird durch den Stoff Delphinidin erzeugt, der in der Flora eher selten zu sehen ist

3. Duftveilchen
Die oft im Gebüsch versteckten Blumen locken Insekten durch Geruchsstoffe an. Die dienten früher zur Parfumherstellung

4. Kirsche
Wildbienen sind die wichtigsten Bestäuber der Obstbäume – und sind zunehmend gefährdet

5. Krokusfamilie
Weil sich die Blumen auch unterirdisch über Tochterzwiebeln vermehren, stehen oft mehrere Blüten dicht zusammen

Hummeln fliegen auf Violett

Nie ist das Handicap der Pflanzen so deutlich wie im Frühling: Gerade jetzt müssen sie sich paaren, um den Sommer über Samen und Früchte für ihre Vermehrung bilden zu können – doch da sie festgewachsen sind, können sie nicht von selbst zueinander finden.

Daher haben sie im Laufe der Evolution eine geniale Lösung entwickelt: die Blüte. Die ist nichts anderes als ein extrem raffiniertes Fortpflanzungsorgan, das sowohl männliche Pollengefäße als auch weibliche Fruchtknoten bildet.

Mit bunten Farben und süßem Nektar lockt sie Schmetterlinge, Bienen oder Hummeln an. Die Insekten sollen den Pollen (das Pflanzensperma) zu anderen Blüten tragen – und so den Geschlechtsakt für die Gewächse vollziehen.

Forscher vermuten, dass Pflanzen vor 240 Millionen Jahren begonnen haben, Insekten für ihre Vermehrung einzuspannen. Doch diese Art der Vermehrung birgt Probleme: Schließlich will jede Blume als Erste besucht werden, ihr Pollen soll verbreitet, ihr Fruchtknoten schnellstmöglich besamt werden. Und so wetteifern die Gewächse im Frühling in betörenden Farben um die Gunst der Kuriere.

Schon seit **240** *Millionen Jahren gibt es Blüten*

Schmetterlinge lieben Rot

Ob dottergelber Löwenzahn, lilafarbener Flieder oder blutrote Tulpen – jede Blüte scheint laut zu verkünden: Komm her, bei mir gibt es den besten Nektar! Wissenschaftler haben entdeckt, dass die Farbpalette mehrere Tausend Nuancen umfasst. Gebildet werden die Farben von pflanzeneigenen Stoffen mit so klingenden Namen wie Anthocyane, Flavone oder Betalaine.

Dank dieser Vielfalt konnten sich manche Gewächse sogar zu Spezialisten für die Sehgewohnheiten bestimmter Insekten entwickeln: Gelbe und violette Blüten locken Bienen, Hummeln und Schwebfliegen an, die darauf besonders reagieren. Rot verführt Schmetterlinge. Und weiß blühende Gewächse werden im Mondschein von Nachtfaltern besucht.

Eine Blüte ähnelt einer Biene

Über Millionen Jahre haben sich die Gewächse und ihre Bestäuber immer besser aneinander angepasst; Forscher sprechen von einer „Koevolution". Diese Spezialisierung der Insekten hat für die Pflanzen Vorteile: Sie erhöht die Wahrscheinlichkeit, dass ein Tier auf Nahrungssuche als Nächstes wieder eine Blüte der gleichen Art ansteuert und den Pollen dort abliefert.

Schließlich nützt es einem Löwenzahn nichts, wenn sein Pollen am Ende bei einer Tulpe landet.

Aus dem gleichen Grund ist die Blüte einiger Pflanzen so geformt, dass nur bestimmte Insekten Zugang erhalten. Die Kelche von Löwenmäulchen etwa bleiben so lange geschlossen, bis sich eine Hummel mit dem genau richtigen Gewicht draufsetzt. Erst dann klappt die Blüte auf und gibt den Weg zum Nektar frei.

Andere Blüten haben derart lange Kelche, dass allein Schmetterlinge den süßen Saft am Grund er-

Die Frühlingsblüten sprießen im warmen Mittelmeerraum deutlich früher als im kalten Deutschland. Rund 40 Kilometer legt der Frühling auf seinem Weg von Süd nach Nord am Tag zurück.

Wer Blumen selber bestimmen möchte, findet verständlich aufbereitete Informationen, illustriert durch 2000 detaillierte Pflanzenzeichnungen, im Kosmos-Naturführer »Was blüht denn da«.

reichen. Nur deren wie eine Schnecke zusammengerollter Rüssel ist ausgestreckt lang genug, um den Nektar zu schlürfen.

Doch da gibt es noch ein Lockmittel: Da viele Insekten anders als wir Menschen auch den ultravioletten Bereich des Lichts sehen, erkennen sie in den Blüten oft die erstaunlichsten Tönungen und Muster, die für uns unsichtbar sind.

Könnten wir etwa als Biene über einer Blumenwiese schweben, würde sich uns eine verblüffend andere Welt eröffnen: Osterglocken erschienen uns dann nicht mehr hellgelb, sondern dunkelorange. Eine blaue Kornblume wäre in der Mitte knallgrün. Und durch die sternförmigen Blätter einer Bärlauchblüte zöge sich ein dunkler Strich – ein „Saftmal“, das Fluginsekten den Weg zum Nektar weist.

Die Meister der Verführung aber sind die Orchideen: Die Blüte einer ihrer Arten ist farblich so gestaltet, dass sie ein für Wildbienenmännchen unwiderstehliches Weibchen nachahmt. Bei dem Versuch, eine Pflanze nach der anderen zu begatten, verbreiten die Tiere dann den Pollen.

Zwar gibt es auch Gewächse wie Gräser und Birken, die ihre Pollen dem Wind anvertrauen. Jedoch sind sie die Ausnahme: 90 Prozent aller Spezies setzen auf die Lieferdienste der Insekten und bilden bunte Blüten.

Und nur ihnen ist es zu verdanken, dass sich Jahr für Jahr aufs Neue vor unseren Augen die überwältigende Schönheit der Frühlingsfarben entfaltet.

Kennen Sie den *Bestatter* der Waldtiere?

Der Totengräber-Käfer sorgt dafür, dass Kadaver im Forst beerdigt werden. Aber natürlich tut er das nicht aus Pietät – sondern aus purem Eigeninteresse

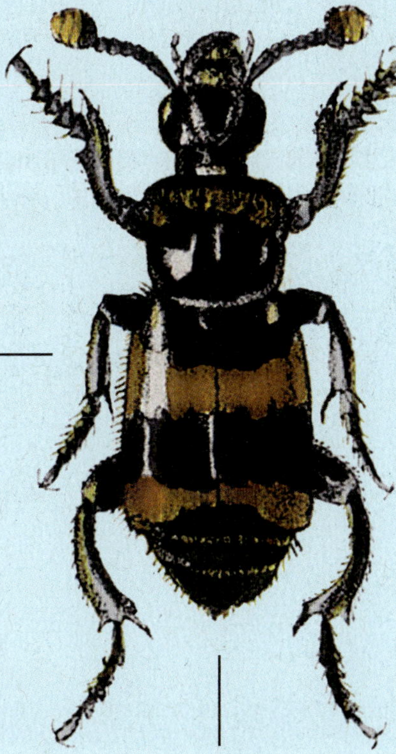

Meist liegt ihr Reich im Verborgenen, nur mit Glück sieht man sie über den Waldboden huschen. Biologen haben den rund zwei Zentimeter langen Käfern den Namen „Totengräber" gegeben, und das erklärt auch ihre wichtigste Aufgabe: Sie sind die Bestatter des Waldes. Wann immer eine Maus verendet oder ein kleiner Vogel tot vom Baum fällt, lockt der bald einsetzende Verwesungsgeruch die Insekten von weit her an.

Der Kadaver ist den Käfern Mahlzeit und Partnertreff zugleich. Denn beim gemeinsamen Leichenschmaus kommen sich mitunter ein gutes Dutzend Weibchen und Männchen näher. Haben sich die ersten Paare gefunden, beginnt ein Verdrängungskampf. Bald beansprucht jedes Duo den leblosen Körper für sich allein und versucht aggressiv, andere Käferpaare zu vertreiben – bis am Ende das stärkste Gespann übrig bleibt. Die Sieger heben nun in einem erstaunlichen Kraftakt ein Grab aus und zerren den Kadaver, der oft 100-mal mehr als sie selbst wiegt, unter die Erde.

Mit scharfen Beißwerkzeugen entfernen die Totengräber dabei Fell oder Federn und formen den Leichnam zu einer kompakten Kugel. Ihr Speichel enthält Substanzen, die den Verwesungsprozess stoppen und den Fleischball konservieren. Anschließend legt das Weibchen seine Eier in die Gruft, die für die nächsten Wochen Wohnstube, Vorratskammer und Brutstätte der frisch Vermählten sein wird.

Sobald die Larven schlüpfen, ernähren die Eltern sie rund um die Uhr mit vorgekauter Nahrung aus der Vorratskugel. Das Muttertier erzeugt dabei zärtliche Zirplaute. Dank der Fürsorge reifen die Larven binnen Wochen zu starken Jungkäfern heran.

Die schwärmen schließlich aus, suchen ihrerseits Verstorbene, die sie unter die Erde bringen können. Und setzen so die erfolgreiche Familientradition fort. ●

Wem gehört der deut Wald?

Rund 90 Milliarden Bäume zählen zum hiesigen Waldbestand

sche
... zum Beispiel Christine Grünewald*
* die ihrem Namen Ehre macht, indem sie selbst einen Forst gepflanzt hat

Fast die Hälfte der deutschen Waldflächen ist in privater Hand: rund zwei Millionen Bürger besitzen ein kleines oder großes Stück Forst. Was bedeutet ihnen dieses Eigentum, und wie kümmern sie sich um seine Pflege? Fünf Frauen und Männer berichten

Text: Rainer Harf und Tilman Botzenhardt

Überall in Deutschland können wir einfach so in Wälder hineinspazieren. Ob in Bayern oder Brandenburg, in Sachsen oder im Saarland: Irgendwo findet sich immer eine Möglichkeit, um zwischen Fichten oder Buchen, Eichen oder Kiefern zu laufen, auf Höhenwegen über die Wipfel zu schauen oder auf Pfaden immer tiefer ins Dickicht vorzudringen.

Doch wem gehören all diese Forste eigentlich? Wer kümmert sich um das Wohl der rund 90 Milliarden Bäume, die hierzulande ihre Wurzeln in den Grund treiben?

Und wer wacht über die insgesamt knapp elf Millionen Hektar Wälder in Deutschland?

Viele mögen denken, die meisten hiesigen Gehölze gehörten der Bundesrepublik. Doch weit gefehlt: Nur rund ein Drittel der baumreichen Flächen in Deutschland – 3,7 Millionen Hektar – zählen zum Staatswald. Darunter fallen unter anderem die bewaldeten Nationalparks, etwa der Hunsrück oder der Bayerische Wald.

Gut ein Fünftel der deutschen Forste – 2,2 Millionen Hektar – befindet sich im Besitz von Städten, Gemeinden, Landkreisen und Gemeindeverbänden. Dieser sogenannte Körperschaftswald bildet einen wirtschaftlich wichtigen Teil des Gemeindevermögens und dient zudem der Naherholung und dem Wasserschutz. Der gewaltige Rest von 5,5 Millionen Hektar, ⤞

Jeder
40.
Deutsche ist ein Waldbesitzer

Größe
138 Hektar
Hauptbaumarten
Fichte und Kiefer
Tiere
Schwarzspecht, Reh

Christine Grünewald, 68,

ist Lehrerin. Sie besitzt Waldparzellen im Kreis Landshut, Bayern, und hat einen Eichenforst gänzlich neu angepflanzt

Was reizt Sie daran, Wald zu besitzen?
Ich bin gern draußen, mag die körperliche Arbeit im Wald: Wenn etwas gedeiht, sehe ich, was ich getan habe. Den Thalhamer Wald hier habe ich sogar selbst geschaffen: Vor 25 Jahren war das ein brach liegender Acker. Auf dem haben wir dann mit Familie und Freunden mehrere Tage lang von Hand Eicheln ausgesät. Die Kinder hatten sie eimerweise in anderen Wäldern gesammelt, wir haben sie in den Boden gestreut – ein unvergessliches Erlebnis für mich. Im Folgejahr haben wir überzählige Pflanzen ausgelichtet, später die schlechter wachsenden Bäume herausgenommen.

Wie hat sich der Wald entwickelt?
Inzwischen steht hier ein malerischer Laubwald, flankiert von Wildobst und Hecken, die vielen Insekten und Vögeln eine Heimat bieten. So ein Stück lebendige Umwelt zu hüten erfüllt mich mit Stolz. Und ich genieße es, selbst entscheiden zu können, wie ich das Gehölz nutze. Naturschutz ist mir dabei ein Anliegen.

Worin liegen besondere Herausforderungen?
Ein guter Waldbesitzer muss verantwortlich handeln – denn was er tut, betrifft immer auch andere: die Sicherheit der Spaziergänger, das Wohlergehen der Pflanzen und Tiere, die Interessen von Förstern, Jägern und Nachbarn. Das erfordert viele Gespräche, die Bereitschaft zu lernen und die Geduld, Pläne über sehr lange Zeit verfolgen zu können. So pflanze ich in meinen Wäldern schon seit bald 30 Jahren keine Fichten mehr. Das Ziel, dort einmal mehr Laub- als Nadelbäume zu haben, werden aber dennoch erst meine Söhne erreichen.

Schaffenskraft

»So ein Stück lebendige
Umwelt zu hüten
erfüllt mich mit Stolz«

Christine Grünewald

Private Eigentümer besitzen im Mittel

2,5

Hektar Wald

48 Prozent der deutschen Waldfläche, ist – und das wissen wohl die wenigsten – in privater Hand.

Verblüffend: Aktuellen Schätzungen zufolge gibt es rund zwei Millionen Privatwaldbesitzer in der Bundesrepublik, ein Viertel davon sind Frauen.

Ja, tatsächlich: Im Mittel ist jeder 40. Deutsche ein Waldbesitzer. Nicht unwahrscheinlich also, dass wenige Häuser weiter einer wohnt, dem Grund und Bäume gehören.

Die größten deutschen Eigner sind allesamt Adelsfamilien, angeführt vom Haus Thurn und Taxis sowie der Familie zu Fürstenberg.

Sie alle haben in Deutschland ihre Adelsprivilegien verloren – ihre oft über Jahrhunderte vererbten Familienwälder aber nicht.

Größere Privatforste befinden sich zudem im Besitz von Forstbetrieben, die oft über Generationen hinweg in persönlicher Verantwortung ihre Grundstücke verwalten, ähnlich wie Landwirte ihre Äcker.

Die meisten Waldeigner hierzulande besitzen allerdings deutlich kleinere Parzellen; im Schnitt sind sie gerade einmal zweieinhalb Hektar groß (ein Hektar entspricht einer quadratischen Fläche mit einer Seitenlänge von 100 Metern).

Viele Waldgebiete sind über Generationen weitervererbt und so im Laufe der Zeit in immer kleinere Flächen zerlegt worden.

Häufig sind die Flurstücke in mehrere, nicht zusammenhängende Gebiete zersplittert, die ge- ➳

»Ich freue mich, wenn es in meinem Wald viele Tierarten gibt«

Dr. Klaus Hamann

Dr. Klaus Hamann, 60,

gehört Wald bei Handeloh in Niedersachsen. Der Förster und Ökologe engagiert sich seit vielen Jahren im Naturschutz

Größe
mehr als 10 Hektar

Hauptbaumarten
Kiefer und Birke

Tiere
Kreuzotter, Kolkrabe, Eidechse

Wann begeistert Sie Ihr Forst besonders?
Im Frühjahr, wenn die Bäume ausschlagen, die Vögel zwitschern, Kröten, Mäuse und Eidechsen aus Winterstarre und -schlaf erwachen. Schon als Kind haben mich Tiere fasziniert. Als Waldbesitzer steht für mich daher der Naturschutz an erster Stelle. So habe ich in einem Waldstück besonnte Korridore geschaffen, an denen bedrohte Reptilien, etwa Schlingnattern, wandern können. Alte Bäume lasse ich, wenn möglich, stehen und pflege den Wald so, dass er viele heimische Gehölze enthält.

Wie oft gehen Sie in Ihren Wald?
Mindestens dreimal die Woche bin ich draußen unterwegs. Oft auch mit Schülern oder Studenten: Ich leite eine naturkundliche Schulungsstätte, informiere vor Ort über Pflanzen, Tiere und die Grundlagen umweltgerechter Forstwirtschaft. Mir liegt viel daran, das Wissen über unsere Natur zu erhalten.

Was macht Sie glücklich?
Es erfüllt mich mit Freude, wenn mein Wald vielen Arten Heimat bieten kann. Manchmal wünsche ich mir aber mehr Anerkennung für diese Arbeit: Obwohl alle davon profitieren, zahlen Waldbesitzer Maßnahmen zum Umweltschutz oft selbst – als sei es ein privates Hobby. Landwirte erhalten Fördermittel, wenn sie etwa Blühstreifen für Insekten anlegen. Ähnliche Hilfen wünsche ich mir auch für Waldeigentümer.

Größe
114 Hektar
Hauptbaumarten
Fichte und Eiche
Tiere
Grünspecht, Schwanzmeise

Brigitte Koch, 55,

besitzt Wald bei Taufkirchen in Bayern. 2017 erhielt die Landwirtin den Bayrischen Staatspreis für vorbildliche Waldbewirtschaftung

Hat sich der Umgang mit dem Wald verändert?
Als ich vor 30 Jahren Landwirtschaft studiert habe, gehörte Wissen über den Waldbau nicht zum Lehrplan. Heute machen sich die meisten Forstbesitzer viel mehr Gedanken darüber, wie sie ihren Wald gut pflegen. Ich habe das Glück, dass mein Vater schon immer gern mit neuen Baumarten experimentiert hat – und bereits früh Laubbäume zu den Fichten gepflanzt hat, so wie man es heute wünscht.

Wie sind Sie zum Waldbau gekommen?
Als Kind hat mein Vater mich oft mit in den Forst genommen. Bäume haben mich damals aber nicht interessiert: Ich habe lieber Vögel beobachtet oder im Wald Freundinnen getroffen. Was ich über Forstwirtschaft weiß, habe ich erst später vom Vater, auf Fortbildungen und von befreundeten Förstern gelernt. Inzwischen verrichte ich manche Arbeiten selbst, zeichne etwa zu fällende Bäume aus und prüfe, ob sich schädliche Käfer zu stark ausbreiten. Dafür bin ich zeitweilig täglich für viele Stunden im Wald – und genieße diese Zeit von Jahr zu Jahr mehr.

Woran liegt das?
Ich glaube, die ganze Schönheit der Natur erkennt man erst, wenn man etwas älter ist, mehr ökologische Zusammenhänge versteht und auch langsame Veränderungen überblickt. Viele Bäume hier kenne ich seit Jahrzehnten, darunter ist eine Buche, an der ich schon als Kind immer vorbeigeritten bin.

Was bedeuten Ihnen solche Bäume?
Sie sind für mich wie Lebewesen, die mit mir alt werden – und mein Wald ist ein Stück Heimat, das zu bewahren und pflegen meine Aufgabe ist.

Weitblick

»Manche Bäume sind für mich wie Lebewesen, die mit mir alt werden«

Brigitte Koch

»Der Wald ist ein Teil von mir. Unter seinen Bäumen bin ich aufgewachsen«
Gregor Graf von Bismarck
Verantwortung

Deutsche Forste sind zu
72 %
Laub- und Mischwälder

Gregor Graf von Bismarck, 54,

ist Unternehmer. Er besitzt den Sachsenwald, ein viel besuchtes Ausflugsziel bei Hamburg

Worin besteht Ihre Hauptaufgabe?
Der Sachsenwald gehört seit 1871 zu unserem Familieneigentum: Kaiser Wilhelm I. hat ihn damals meinem Ururgroßvater Otto von Bismarck als Anerkennung für dessen Verdienste vermacht. Meine Aufgabe als Besitzer sehe ich darin, dieses Kulturgut für die Nachwelt zu erhalten: das größte zusammenhängende Waldstück in Schleswig-Holstein, ein wichtiger Rückzugsort für zahllose Tiere, ein beliebtes Ausflugsziel für mehr als 100 000 Besucher im Jahr. Bei ihnen verspüre ich in den letzten Jahren wieder ein stärker werdendes Interesse für die Natur.

Wie machen Sie den Wald als Ausflugsziel attraktiv?
Ich versuche, den Besuchern als Waldeigentümer besondere Erlebnisse anzubieten: Etwa eine Übernachtung mitten im Forst unter freiem Himmel - im Waldkorb, einer Art Cabrio-Bett. Oder die japanische Tradition des Waldbadens: Ich prüfe, ob ich einen Teil des Forstes dafür als Heilwald zertifizieren lasse. Und natürlich kann man im Sachsenwald wandern, reiten, klettern, angeln oder jagen. Wer sich dem Wald besonders verbunden fühlt, kann in unserem Ewigforst unter alten Bäumen sogar seine letzte Ruhestätte finden.

Welche persönliche Beziehung haben Sie zum Wald?
Unser Forst ist ein Teil von mir: Ich bin unter seinen Bäumen aufgewachsen, wohne und arbeite hier, bin jeden Tag mit den Hunden draußen. Mein Ziel ist, eines Tages finanziell vom Holzeinschlag unabhängig zu sein, um die schon jetzt verfolgte naturnahe und nachhaltige Forstwirtschaft zu erleichtern. Hierfür nehmen wir auch an der „Bonn Challenge" teil – einer globalen Initiative, die Aufforstungen fördert und damit der Erderwärmung entgegenwirkt.

Größe
5500 Hektar
Hauptbaumarten
Fichte und Buche
Tiere
Schwarzstorch, Dachs, Marder

tauscht oder gehandelt werden. Die Nutzung der Forste kann dabei jeweils ganz unterschiedlich ausfallen – von eher konventioneller Plantagenpflanzung in Reih und Glied, Kahlschlag mit schwerem Gerät und anschließender Wiederaufforstung bis hin zur schonenden Bewirtschaftung mit gezielter Entnahme einzelner Bäume durch Rückepferde.

Ganz gleich, was einer mit seiner Fläche vorhat: Die baumreichen Grundstücke sind eine sichere Geldanlage, denn das Geschäft mit den bewaldeten Immobilien boomt. Kostete ein Hektar im Jahr 2010 noch bis zu 12 000 Euro, sind es heute mancherorts 80 000 Euro. Und die Nachfrage steigt.

Viele Waldbesitzer bewirtschaften ihren Forst, um sich und ihre Familien davon ernähren zu können. Sie verkaufen Holz, etwa an die Bau- und Möbelindustrie.

Doch nicht wenige Eigentümer haben ganz andere Gründe. Manche Waldgärtner haben ihre Parzelle beispielsweise erworben, um sich dort zu entspannen, körperlich zu arbeiten, die Zeit zu vergessen.

Oder sie fahren mit einer guten Brotzeit im Gepäck in den eigenen Wald, um Brennholz zu schlagen. Sie belegen in staatlichen Forstämtern Kurse zum Umgang mit Profi-Motorsägen, erwerben Traktoren und Seilwinden, um sich nach dem Baumfällen mit eigenem Heizmaterial zu wärmen. ➳

68 000

Menschen arbeiten in der Forstwirtschaft

Wieder anderen ist vornehmlich daran gelegen, im eigenen Wald auf Jagd zu gehen (allerdings ist dies auf eigenem Grund und Boden je nach Bundesland erst ab 75 oder 150 Hektar Fläche erlaubt).

Daneben eint die meisten Waldbesitzer aber wohl, dass ihr persönlicher Flecken Natur für sie alle einen ideellen Wert hat.

Eigener Wald: Das heißt für viele, die Tradition der Familie fortzusetzen und für die Zukunft zu erhalten oder in einem Landstrich wortwörtlich „verwurzelt" zu sein. Und es gibt ihnen auch ein Gefühl von Stolz, Unabhängigkeit, Freiheit.

Wer sich für einen Wald entscheidet, der will bei seinen Streifzügen durch die Natur unter anderem auch der allzu temporeichen Welt entkommen. Will vielleicht ganz bewusst die Jahreszeiten erleben, den Wandel des Lebendigen immerzu spüren können. Am besten jeden Tag.

Der eigene Wald ist für viele Hunderttausende wie ein grünes Zuhause. Ein Ort, der Geborgenheit vermittelt – und der Verbundenheit schafft zu jener ursprünglichen Welt, aus der wir Menschen stammen.

Nicht selten sind Waldeigentümer deshalb auch Waldschützer. Sie möchten bedrohte Arten bewahren, Tiere und Pflanzen hegen.

Mehr noch – sie wollen etwas mehren, was selten geworden ist: unversehrte Natur.

Hans Modrak, 60,

bewirtschaftet mit seiner Familie Waldgebiete im Umland von Leipzig

Größe
400 Hektar

Baumarten
Kiefer und Eiche

Tiere
Wolf, Waschbär, Biber, Rotmilan

Was bedeutet Ihnen Ihr Waldbesitz?

Wir sind Waldbauern: Meine Familie und ich beziehen unser Einkommen aus der Bewirtschaftung unseres Forstes. Uns geht es also nur dann gut, wenn es auch unserem Wald gut geht.

Was tun Sie dafür?

Wir fällen nicht mehr Holz, als neues entsteht. Wir verjüngen den Wald mit einer hohen Zahl unterschiedlicher Baumarten: Das verringert die Risiken durch den Klimawandel sowie Schädlinge. Wir lassen Bäume unterschiedlichen Alters mit verschiedenen Kronenhöhen nebeneinander stehen; dann ist der Wald Stürmen weniger ausgesetzt. Und wir fällen meist nur einzelne Bäume, nicht ganze Flächen. Das alles ist aufwendig, zahlt sich aber aus, weil so ein Forst krisenfester und stabiler ist. Dazu bereitet es mir Freude, ein vielfältiges Waldbild zu schaffen – das hat ja auch etwas Schöpferisches. Einen übertriebenen Umweltschutz

empfinde ich dabei aber oft als wenig hilfreich.

Woran liegt das?
Mitunter werden gerade die Gebiete unter Schutz gestellt, um die sich zuvor besonders engagierte Besitzer gekümmert haben: Sie müssen dann starre Auflagen einhalten, die ihre Tätigkeit oft sehr erschweren. Hier würde ich mir mehr Vertrauen in die gute Arbeit vieler Waldbauern wünschen.

Ein Stück Wald zu besitzen, ist eine gute Idee. Zum einen kann das nachwachsende Holz pro Hektar und Jahr im Mittel so viel Energie liefern, wie es 2000 Litern Heizöl entspricht – das ist eine ganz ordentliche Verzinsung des Kaufpreises. Zum anderen kann man den Wald auch einfach wachsen lassen. Dann wird diese Menge an Kohlenstoff gespeichert, und man kompensiert damit den persönlichen ökologischen Fußabdruck. Wichtig: Der Wald sollte gut über Wege erreichbar sein. Zudem sind Laubwälder stabiler als Nadelwälder, gerade im Hinblick auf den Klimawandel. Ein letzter Punkt ist die Himmelsrichtung: Nordhänge sind perfekt. Hier ist es schattig und kühl – genau so, wie Bäume es lieben.

Wie aus zwei Gramm **200 Tonnen werden**

Am Anfang ist da nur eine winzige Eichel. Ihre Verwandlung in einen riesigen Baum gleicht einem Wunder

Ruhende Frucht

Monatelang ruht die nährstoffreiche Eichel wie im Dämmerschlaf: Von einer festen Hülle gegen Fäulnis und Austrocknung geschützt, liegt sie den Winter über auf dem Waldboden. Doch dann startet – fast wie aus dem Nichts – ein verblüffendes Wachstumsprogramm.

Erste Wurzel

Wenn im Frühling die Temperaturen steigen, lassen Regenwasser oder Feuchtigkeit im Boden die Eichel aufquellen, bis sie birst. Aus dem Inneren schiebt sich ein Wurzelspross ins Freie und stößt dorthin vor, wo Wasser, Halt und Minerale zu erwarten sind: ins Erdreich.

**Empor-
strebender Trieb**

Sobald sich der Wurzelspross im Boden verankert und begonnen hat, Wasser aufzunehmen, bildet der Keimling einen Trieb in Gegenrichtung aus. Bei optimaler Temperatur, ausreichend mit Wasser und Nährstoffen versorgt, bringt er die ersten Blätter hervor und strebt zum Licht.

Junge Pflanze

Während die Nährstoffe in der Eichel zur Neige gehen, beginnt in den Laubblättern die Photosynthese: ein Prozess, bei dem die Pflanze Zucker produziert. So kann sie sich fortan eigenständig mit Energie versorgen und in den kommenden Jahren zur tonnenschweren Eiche heranwachsen.

Die *Eiche* braucht zum Großwerden nichts als: Wasser, Minerale, Luft und Licht

Kaum vorstellbar, dass diese Metamorphose gelingen kann: dass aus einer wenige Gramm leichten Eichel über Jahrzehnte ein tonnenschwerer Baum heranwächst, oft 30 Meter hoch, mit dickem Stamm und weit verzweigtem Kronendach. Ein Koloss, der pro Jahr Tausende Blätter hervorbringt, immer weiter an Größe gewinnt und fähig ist, jeden Tag Hunderte Liter Flüssigkeit aus der Erde in den Wipfel zu transportieren.

Und vielleicht noch verblüffender: Alles, was die Eichel braucht, um zum Baum zu reifen, sind Wasser, Minerale, Luft und Licht. Denn bereits im Samen sind alle Organe angelegt, die die spätere Entfaltung vorantreiben. Sobald der Keimling einen Wurzelspross und erste Blätter hervorgebracht hat, sind alle Voraussetzungen erfüllt, damit der Baum sich voll entwickeln kann.

Je weiter er in den nächsten Jahren heranwächst, je höher er seine Krone dem Sonnenlicht entgegenreckt, und je mehr sein Stamm an Dicke gewinnt, desto gewaltiger wird sein Durst. Vor allem das Blätterdach ist auf einen permanenten Nachschub an Flüssigkeit angewiesen. Denn hier, in den Blättern, findet jener wundersamer Prozess statt, der die Eiche mit Nahrung versorgt: die Photosynthese – ein Vorgang, bei dem die Pflanze mithilfe des Sonnenlichts aus dem Kohlendioxid der Luft sowie Wasser energiereichen Zucker bildet.

Aus diesem Zucker konstruiert der Baum, vor allem im Frühling, unaufhörlich Biomasse. Unter der Borke entstehen zum Beispiel neue Transportkanäle, die der Baum für seinen Stoffkreislauf benötigt. Dadurch wächst er in dieser Zeit verstärkt in die Breite und legt so Jahr um Jahr an Umfang zu. Damit dieser lebenswichtige Prozess nicht ins Stocken gerät, muss das unterirdische Wurzelwerk dem Boden laufend Wasser entziehen.

Der Baum passt sich optimal an

Um an möglichst viel Wasser und darin gelöste Nährstoffe zu gelangen (etwa Magnesium, das der Baum für den Bau seines Blattgrüns benötigt), treiben Eichen ihre Hauptwurzel bis zu neun Meter tief in den Grund. Durch zahlreiche Verzweigungen, Seiten- und Feinwurzeln vergrößert sich die Oberfläche des Geflechts enorm. Vor allem in den feinsten Sprossen findet die Wasseraufnahme statt.

Darüber hinaus verlässt sich die Eiche, wie fast alle Bäume, bei der Wassergewinnung auf fremde Hilfe: Sie schließt eine Partnerschaft (Symbiose) mit Pilzen, deren unterirdisches Fadengeflecht die jungen Wurzeln umwuchert. Einige Pilzfäden dringen dabei ins Wurzelgewebe ein, während sich andere meterweit ins Erdreich erstrecken. Sie verbessern die Wasserversorgung des Baumes und helfen ihm, Mineralstoffe wie Phosphor und Stickstoff aufzunehmen.

Der Pilz, der keine Photosynthese betreibt, erhält im Gegenzug aus den Baumwurzeln lebenswichtige Energie in Form von Zucker.

Bis zum August etwa dauert die Bauzeit des Baumes, dann kommt sein Wachstum allmählich zum Erliegen. Der in den Blättern produzierte Zucker wird jetzt nicht mehr vollständig verbraucht, sondern zunehmend zu Stärke umgebaut und im Holz und in älteren Wurzeln eingelagert.

Schon im Spätsommer scheint es, als würde die Eiche erschöpft auf das Ende einer anstrengenden Saison warten. Das üppige Grün ihrer Krone weicht zunehmend gelb-braunen Tönen: ein untrügliches Zeichen, dass die Pflanze ihre Ruhephase einleitet.

Schließlich bildet sich an der Basis der Blattstile ein Trenngewebe, und noch vor dem ersten Frost segelt das welke Laub zu Boden. Lange zuvor hat sie jedoch Zehntausende an langen Stielen sitzende Früchte gebildet: neue Eicheln, die den Winter auf dem Waldboden überdauern, um in der darauffolgenden Saison ihrerseits zu jungen Bäumen auszutreiben. ●

Imposanter Gastgeber

Eine ausgewachsene Eiche trägt an die 150 000 Blätter; der Stammdurchmesser beträgt bis zu drei Meter. Allein etwa 400 Schmetterlingsarten und mehr als 100 Käferspezies leben direkt oder indirekt von dem Baum

Jedes ledrige Blatt ist eine Zuckerfabrik

Vorkommen:
10 %
der Waldfläche in Deutschland bestehen aus Eichen

Durst:
30 000 l
Wasser braucht ein Baum übers Jahr

Belaubung:
1000 m²
und mehr misst das Blätterdach

Erst mit etwa 60 Jahren sind Eichen in der Lage, keimfähige Samen zu bilden. Einzelne Exemplare werden 1000 Jahre alt

Vier Tricks zum Staunen

1. Renovierung
Im Frühjahr bildet die Eiche neue Wasserleitungen

2. Hitzeschutz
Um nicht zu vertrocknen, wirft sie bei Hitze Zweige ab

3. Müllbeseitigung
Gifte lagert die Eiche in ihre Blätter ein – zur Entsorgung im Herbst

4. Gegen den Frost
Mit Luftkammern in der Borke schützt sie sich vor dem Erfrieren

Wasserpumpe in der Wurzel

Um ihren Flüssigkeitsbedarf zu stillen, muss die Eiche über ein komplexes System täglich mehrere Hundert Liter Wasser aus dem Boden in die Krone befördern. Das gelingt dank feiner Wurzeln, die sich mit Härchen in die Spalten des Erdreichs zwängen. Die zum Teil nur Hundertstelmillimeter dicken Härchen können die Wassermoleküle direkt aufnehmen. Durch besondere Kanäle (blau) wird das Nass in den Stamm geleitet. Im Gegenzug erhält die Wurzel über ein zweites Kanalsystem (gelb) Zucker aus den Blättern

Mit den Augen des Adlers

Wie fühlt es sich an, die Welt aus der Perspektive eines Greifvogels zu sehen? Dank moderner Technik können wir mitfliegen

Text: Sebastian Witte

Eine Kamera auf dem Rücken eines Adlers – hier über dem Zugspitz-massiv – ermöglicht neue Einblicke in Wahrnehmung und Verhalten von Greifvögeln (weitere Informationen unter www.eaglewings-project.org, initiiert von Nomi Baumgartl)

Aus allen *Richtungen* nehmen sie ihre Umgebung präzise wahr

Wie mag das wohl sein – die Welt mit den Augen eines Adlers zu sehen? Von hoch oben, mit weit ausgebreiteten Schwingen, im lautlosen Gleitflug, potenzielle Beutetiere beharrlich im Blick.

Es bedarf einiger Fantasie, diese Perspektive einzunehmen, sich etwa vorzustellen, wie man in warmen Aufwinden an sonnenbeschienen Gebirgshängen enge Kreise zieht, um sich kraftsparend immer weiter emportragen zu lassen. Oder wie rasant die Umgebung an einem vorbeirauscht, wenn man im Sturzflug mit gut 200 km/h ein Birkhuhn überrascht.

Doch jenseits jeder Vorstellungsgabe können wir uns inzwischen auch einen handfesten Eindruck von der Weltwahrnehmung eines Greifvogels verschaffen. Denn winzige 360-Grad-Kameras, von Ornithologen auf dem Rücken der Tiere montiert, erlauben es, einem Adler bei seinen ausgedehnten Erkundungsflügen und gewagten Manövern über die Schulter zu schauen. Mehrere Tiere in den Alpen haben die Forscher auf diese Art präpariert – und wurden dafür mit spektakulären Aufnahmen belohnt.

Mächtige Gipfel sind auf diesen Bildern zu Hügeln geschrumpft, Menschen wirken wie Miniaturen, verloren in der Weite der Landschaft.

Man kann in den Sequenzen erahnen, dass sich ein Adler ganz anders orientiert als der Mensch: Nicht Wege, Straßen oder markante Gebäude dienen ihm als Fluchtpunkte. Vielmehr scheint er Grate und Hügelkuppen wie eine Karte zu lesen; kleinere Felsvorsprünge wecken seine Neugier – denn dort könnten sich vielleicht Mäuse, Murmeltiere oder Gamskitze greifen lassen.

200 Kilometer pro Tag

Dank eines GPS-Geräts, das ebenfalls auf dem Rücken der Tiere mitfliegt, lernen die Forscher zudem eine Menge über die jeweiligen Bewegungsprofile. Die dreidimensionalen Muster aus Linien, die so entstehen, offenbaren Erstaunliches: So legte ein jugendlicher Steinadler Tagestrecken von 200 Kilometern zurück, in wenigen Wochen überflog er ein Gebiet von mehr als 12 000 Quadratkilometern!

Die Daten der Forscher zeigen, dass manche Adler deutlich größere Strecken fliegen als lange gedacht

Im Blickfeld

kann der Adler weitaus schärfer und auch farbiger sehen als der Mensch

Die Daten untermauern die Vermutung der Forscher, dass die Jungtiere das Beutegreifen wohl erst mühsam erlernen müssen. Daher suchen sie die Weiten anfangs vor allem nach Kadavern ab, einem toten Steinbock oder einer Gämse, und kehren von ihrem Horst immer wieder zu den Fundplätzen zurück – um unbeholfen Aas herunterzuwürgen.

Weitere Experimente könnten zeigen, ob die Jungtiere anderen Adlern nacheifern und sich die für die Jagd wichtigen Sturzflüge abschauen – oder ob sie ihr Geschick eigenständig trainieren, nach Versuch und Irrtum.

Überwachungsflüge mit Falken offenbaren jedenfalls, wie komplex eine erfolgreiche Attacke verläuft: Zunächst nähern sich die Raubvögel ihren Opfern bevorzugt seitlich und in einem konstanten Winkel, machen dabei jede Zickzackbewegung mit, bevor sie ihre Flügel nahezu vollständig anlegen, um sich im Steilflug auf die Beute zu stürzen. Erst unmittelbar vor »→

Bis zu

2,30 m

beträgt die Spannweite eines weiblichen Steinadlers

Perfekter Gleiter

Die ausladenden Schwingen sind ideal für den Gleitflug geeignet; nur selten bewegen sich Adler im anstrengenden Ruderflug. Abrupte Wendemanöver fallen ihnen eher schwer

Selbst schnelle *Haken* der Beute erscheinen ihnen wie in Zeitlupe

dem Zuschlagen bremsen sie ab, mit ihren kräftigen Füßen und Krallen töten sie dann selbst wehrhafte Tiere.

Aber auch die Kameraüberwachung kann letztlich nur eine Ahnung davon vermitteln, wie ein Greifvogel beim Jagen und Erkunden die Welt sieht.

Denn das Geheimnis seiner Wahrnehmung beschränkt sich nicht auf die Vogelperspektive – es verbirgt sich vielmehr in der besonderen Biologie seines Auges. Schon dessen gewaltige Größe im Vergleich zu den Maßen des Schädels zeugt von der großen Bedeutung seiner Sehfähigkeit.

Was das Adlerauge so vielseitig und leistungsfähig macht, ist vor allem ein spezifisches anatomisches Detail: Anders als das Menschenauge verfügt es nicht über eine, sondern zwei Sehgruben (ein winziger Bereich auf der Netzhaut, der Ort des schärfsten Sehens).

Eines der beiden Sehschärfezentren, die „zentrale Sehgrube“, dient dem Tier zum Betrachten seitlich gelegener Objekte. Das zweite Zentrum, die „temporale Sehgrube“ erlaubt es ihm zusätzlich, auf feinste Details im vorderen Blickfeld zu fokussieren, etwa Beutetiere.

Diese anatomische Besonderheit verschafft dem Adler zwei (einander eigentlich ausschließende) Fähigkeiten: detailreiche Rundumsicht und präzise Vorausschau.

Das ist eine Sinnesleistung, die wir Menschen nur schwer nachvollziehen können, da wir es gewohnt sind, stets nur einen kleinen Ausschnitt unserer Umgebung scharf zu sehen.

150 Bilder pro Sekunde

Darüber hinaus sind die lichtempfindlichen Sehzellen bei Greifvögeln fast doppelt so dicht gepackt wie beim Menschen: mit bis zu 65 000 Nervenzellen pro Quadratmillimeter in der zentralen Sehgrube.

So kommt es, dass Adler fast doppelt so scharf sehen wie wir. Eine Maus von fünf Zentimeter Länge können sie noch aus knapp 300 Meter Entfernung erspähen; größere Beutetiere erkennen sie zum Teil sogar über mehrere Kilometer Distanz.

Weit überlegen ist auch ihre Wahrnehmung

Die 360-Grad-Kamera soll das erstaunlich große Sehfeld des Greifvogels abbilden

Binnen wenigen Tagen verdoppeln Nestlinge ihr Gewicht; anfangs sind die Kleinen winzig

von Bewegungen: Dem Adlerauge entgehen weder blitzschnelle noch sehr langsame Positionsveränderungen. Daher kann der gefiederte Jäger bei Verfolgungsjagden und Ausweichmanövern unvermittelt reagieren – und ist zugleich in der Lage, den Stand der Sonne zu seiner Orientierung zu nutzen, etwa bei Langstreckenflügen.

Während für uns bereits 50 Bilder pro Sekunde zu einem nahtlosen Film verschmelzen, kann ein Adler eine enorm schnelle Folge von bis zu 150 Bildern pro Sekunde in einzelne Eindrücke auflösen. Selbst schnellste Bewegungen vermag der Vogel daher in aller Ruhe zu verfolgen. Viele Haken und Tricks von Beutetieren kommen ihm wohl träge wie Zeitlupenaufnahmen vor.

Ihr räumliches und zeitliches Auflösungsvermögen lässt Greifvögel erstaunliche Kunststücke ausführen – etwa wenn ein Baumfalke spielerisch leicht eine Großlibelle im Flug ergreift. Oder wenn ein Wespenbussard aus großer Entfernung eine zwei Zentimeter kleine Wespe vor einem Gestrüpp entdeckt und über zig Meter verfolgt. Oder wenn ein Habicht seine wendige Beute – andere Vögel – ständig im Auge behält und zugleich sämtliche Hindernisse der Umgebung erfasst, um nicht etwa gegen einen Baum zu fliegen.

Dass Greifvögel die Welt mit anderen Augen sehen, zeigt sich schließlich noch in einem weiteren Phänomen: Die scharfsichtigen Jäger nehmen auch den ultravioletten Bereich des Lichtspektrums wahr. Turmfalken etwa können so Urinspuren (die UV-Licht reflektieren) von Mäusen erkennen. Anhand der Leuchtstreifen am Boden vermögen sie so schon aus großer Höhe abzuschätzen, ob es sich lohnt, eine Wiese genauer in Augenschein zu nehmen.

Mit ihren kräftigen, spitzen Krallen vermögen Adler auch sehr wehrhafte Tiere zu umklammern und zu töten

Der Kopf der Greifvögel ist äußerst beweglich, sie können ihn um fast 270 Grad drehen

Je mehr die Forscher – auch dank der kamerabewehrten Adler – über die Fähigkeiten von Greifvögeln lernen, desto erstaunlicher wirken die Luftakrobaten.

Durch die grandiosen Aufnahmen aus der Vogelperspektive erhoffen sich die Ornithologen aber noch mehr: Die Bilder und Videos sollen unseren eigenen Blick schärfen – für die Schönheit der heimischen Wildnis und für die Veränderungen, die die Natur durch uns Menschen erfährt. ●

Der Wald

Sie mögen etwas unscheinbar sein, doch Moose sind höchst erstaunliche Pflanzen: So kommen sie zum Teil jahrelang ohne Flüssigkeit aus, gedeihen auch dort, wo andere Gewächse nicht überleben, und sie haben einen verblüffenden Artenreichtum hervorgebracht

Text: Rainer Harf

Vielfalt

Erst aus der Nähe betrachtet fällt auf, wie vielgestaltig Moose sind. Allein in Mitteleuropa gibt es rund 1000 unterschiedliche Arten, die zum Teil in direkter Nachbarschaft zueinander wachsen

im Wald

Miniatur

Wie winzige Bäume wirken diese Moossprosse: Anders als größere Pflanzen nehmen Moose Flüssigkeit über die gesamte Oberfläche auf, oft das Mehrfache ihres Eigengewichts

In den verborgenen Räumen zwischen den dicht stehenden Pflänzchen finden unter anderem Milben und Larven Unterschlupf

Nachwuchs

Viele Moose bilden auf Stielchen sitzende Kapseln, vollgepackt mit Sporen. Platzen die Kapseln auf, fliegen die Sporen oft kilometerweit durch die Luft, bis sie auf geeignetem Boden keimen und ein neues Pflänzchen heranwächst

Eingekapselt wartet die nächste Generation der Moose darauf, endlich vom Wind verbreitet zu werden

Moose sind Bodenbildner – und bereiten damit anderen Pflanzen die Möglichkeit, zu keimen

Wie weiche grüne Teppiche bedecken sie den Boden des Waldes. Auf umgestürzten Baumstämmen bilden sie flauschige Flecken. Und zuweilen sind sie die einzigen Pflanzen, die selbst auf schroffen Felsen scheinbar mühelos gedeihen: Moose gehören für uns zum vertrauten Bild wilder Natur. Zudem ist es angenehm, wenn bemooster Grund abseits der Wege unsere Schritte sanft federn lässt.

Vielfach schauen wir uns die grünen Polster eher aus der Ferne an, denn für die meisten von uns sieht ein Moos aus wie das andere. Doch weit gefehlt. Wer sich genauer mit Moosen beschäftigt, wird eine erstaunliche Vielfalt entdecken.

Das Weißmoos etwa liegt wie ein kuscheliges, sauber abgegrenztes Kissen auf dem Waldboden: Die dicht an dicht gedrängten grünlichblauen Stängel wirken fast, als hätte man sie säuberlich vom Zentrum zu den Seiten hin gekämmt.

Das Zypressen-Schlafmoos mit seinen schmalen Blättchen und den filigranen Verzweigungen der Triebe ähnelt dagegen der Miniaturversion eines Nadelbaums – der namensgebenden Zypresse.

Das Brunnenlebermoos wiederum wächst in hauchdünnen Läppchen, die mit becherförmigen Gebilden übersät sind. Das Zweizähnige Kammkelchmoos schlängelt seine länglichen blassgelben Triebe über morsches Holz. Und wie grüne Dreadlocks stehen die zentimeterkurzen Pflänzchen des Purpurstieligen Hornzahnmooses zusammen – überragt von Hunderten purpurfarbenen Stielchen, die dem Gewächs von Weitem einen rötlich-braunen Farbton verleihen.

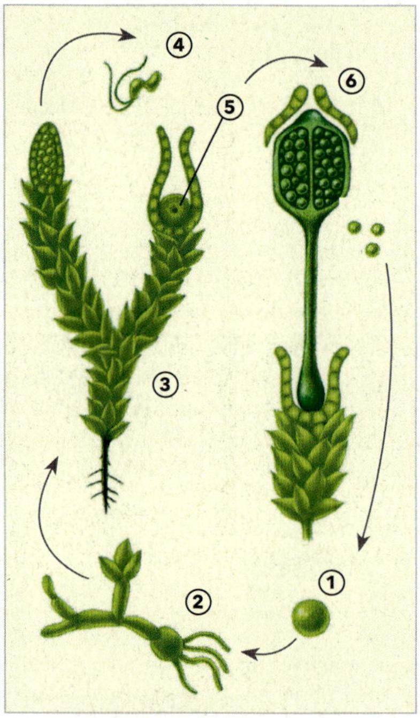

Lebenszyklus
Fällt eine Moosspore (1) auf passenden Boden, keimt sie (2); eine neue Moospflanze wächst heran (3). Die bildet Spermien (4) und Eizellen (5), die miteinander verschmelzen. Die befruchtete Eizelle teilt sich und bildet schließlich einen Stiel mit einer Kapsel voller Sporen (6): die nächste Generation

Allein in Mitteleuropa wachsen mehr als 1000 Arten. Weltweit sind es 25 000 – das sind sieben Prozent aller bekannten Pflanzenspezies.

Moose siedeln überall dort, wo Pflanzen wachsen; oft sind sie sogar die ersten (oder auch einzigen), die einen Lebensraum erschließen.

Doch trotz ihrer enormen Vielfalt und ganz gleich, ob sie in den Tropen, in Alaska oder in Europa wachsen: Moose werden nicht sehr groß, kaum eines erreicht mehr als 15 Zentimeter Höhe.

Das liegt zum einen daran, dass sie nicht imstande sind, das Molekül Lignin zu bilden – jene Substanz, die dem Holz von Bäumen seine Festigkeit verleiht.

Zum anderen fehlt ihnen ein ausgeklügeltes Gefäßsystem, über das etwa Farne, Blumen, Sträucher oder Bäume Wasser von den Wurzeln bis hinauf in die Blätter pumpen.

Anstatt die lebenspendende Feuchtigkeit mit Wurzeln aus dem Boden zu saugen, nutzen viele »→

Die in Sumpfgebieten wachsenden Torfmoose bilden mächtige Ablagerungen aus unvollständig zersetztem organischen Material: Dieser Torf diente über Jahrhunderte als wichtiger Brennstoff.

Moose kommen mit einem geringeren Lichteinfall aus als Blütenpflanzen. Das ermöglicht ihnen, auch an sehr schattigen Plätzen zu gedeihen und gar ins Innere von Höhlen vorzudringen.

Flauschiger Teppich

Polster

Die weichen Matten spielen eine wichtige Rolle im Wasserhaushalt des Waldes: Wie Schwämme speichern sie Feuchtigkeit und geben sie in Trockenzeiten ganz allmählich an die Umgebung ab

Ein, zwei ... viele Grüns

Die ersten Urmoose entwickelten sich einst wohl aus Algen, die an Uferzonen lebten

Moose einen genialen Trick: Fällt Regen auf ihre Blättchen und Stängelchen, nehmen sie das Wasser (und darin gelöste Minerale) mit ihrer gesamten Oberfläche auf. In ihrem Inneren fließt das Nass dann einfach zwischen den Zellen in alle Bereiche ihres Pflanzenkörpers.

Dieser ebenso einfache wie raffinierte Mechanismus macht Moose zu wahren Anpassungsmeistern: Die unkomplizierte Wasseraufnahme erlaubt es ihnen, selbst auf schlechten Böden zu siedeln – und sogar auf blankem Gestein.

Nicht wenige Moose können zudem lange Trockenzeiten überdauern, zum Teil über Jahre. Dabei verlieren sie nach und nach fast jede Flüssigkeit, stellen ihren Stoffwechsel nahezu ein und schrumpeln gräulich in sich zusammen. Wenn es dann wieder regnet, saugt sich das scheintote Gewächs mit Wasser voll, ergrünt binnen kurzer Zeit und erwacht erneut zum Leben.

Bis zum 20-Fachen ihres eigenen Gewichtes können manche Moose an Wasser aufnehmen. Oft geben sie mit der Zeit einen Teil der gespeicherten Flüssigkeit an den umliegenden Waldboden ab, sodass der nicht so rasch austrocknet.

Daher spielen die grünen Polster eine bedeutende Rolle im Wasserhaushalt des gesamten Waldes.

In den weichen Matten sammeln sich zudem Staub und andere feine Partikel – und daraus entsteht dann ganz allmählich neuer, fruchtbarer Boden.

In felsigen Gegenden, in denen anfangs nur Moose siedeln können, sind es die kleinen Pioniere, die durch ihre Eigenschaft als Bodenbildner anderen Pflanzen wie Farnen oder Blumen den Weg zum Keimen bereiten.

Moose mögen im Vergleich zu einer Fichte, einer Rose oder einem Haselstrauch unscheinbar und recht einfach aufgebaut sein. Doch für die Ökosysteme spielen sie eine überaus wichtige Rolle – und ihr biologischer Erfolg zeigt sich nicht zuletzt daran, wie lange sie schon auf der Erde existieren: So lebten die ersten Urmoose bereits vor rund 475 Millionen Jahren. Vermutlich sind sie aus Algen hervorgegangen, die es geschafft hatten, Uferzonen zu besiedeln.

Erst viele Jahrmillionen später sind, wahrscheinlich aus einem Zweig der Moose, höher entwickelte Pflanzen entstanden: Gewächse, die Lignin herstellen und mit ihren verholzten Sprossen deutlich höher aufschießen konnten. Die ersten Bäume wurzelten dann vor 385 Millionen Jahren.

Die Moosmatten und Polster, die wir so oft im Schatten von Bäumen sehen, gab es also lange bevor die ersten Wälder auf der Erde gediehen. ●

LEBERMOOSE

Formenreichtum

Die Lebermoose sind eine besonders schillernde Gruppe von Moosen – manche von ihnen erinnern an Blumen

Diese Tafel unterschiedlicher Lebermoose hat der berühmte deutsche Naturforscher Ernst Haeckel um 1900 für sein Werk »Kunstformen der Natur« gezeichnet. Seinen Namen hat diese Moosgruppe, deren Vertreter meist in feuchten Gebieten leben und die weltweit rund 10 000 Arten umfasst, von den lappenförmigen Blättchen mancher Arten, die kleinen grünen Lebern ähneln (1). Die zuweilen rötlichen, an Blüten erinnernden Gebilde, die manche Lebermoose entwickeln (2,3), sind männliche und weibliche Fortpflanzungsorgane. In ihnen reifen Eizellen und Spermien. Fällt Niederschlag auf die Moospolster, entweichen die Spermien und schwimmen im Regenwasser zu den weiblichen Eizellen und befruchten sie. Manche Lebermoose vermehren sich ungeschlechtlich. Sie bilden zum Beispiel kleine Brutbecher (4): Fallen diese Anhängsel ab, können sie zum fertigen Moos auswachsen.

Die meisten Moose in Deutschland sind ganzjährig grün: Sie trotzen der winterlichen Kälte und behalten ihre kleinen Blättchen, selbst wenn die Temperaturen weit unter den Gefrierpunkt fallen.

Widerstandskraft: In einem Experiment haben Forscher getrocknete Moose eine halbe Stunde lang auf 110 Grad Celsius erhitzt. Erstaunlicherweise überlebten einige Pflanzen die Tortur.

3
4
2
1

»Sophie« nannte Anna Rummel ihre Begleiterin. Der Aussichtsfels über dem Tal gehörte zu Sophies Lieblingsorten

Aus einer flüchtigen Begegnung im Wald entwickelte sich eine innige Freundschaft zwischen einer Forstwirtin und einer Füchsin

Text: Tilman Botzenhardt Fotos: Klaus Echle

Das Jahr mit Sophie

Das erste Mal begegnet sie ihr an einem warmen Abend im Mai. Zwischen Grasbüscheln tauchen zwei Ohren und ein kleiner runder Kopf aus dem Wald auf: eine junge Füchsin. Langsam tapst sie auf den Hochsitz der Freiburger Forstwirtin Anna Rummel zu. Die ahmt das hohe Fiepen einer Maus nach, das Tier schaut ohne Scheu zu ihr auf. Neugierig betrachten sich beide. Es ist der Beginn einer wunderbaren Freundschaft.

Denn als Anna ein paar Tage später zurückkehrt, erscheint die Füchsin erneut. Anfangs wirft Anna ihr Hundekuchen zu, die sie bald ohne Angst akzeptiert. Doch die Forstwirtin weiß: Sie darf das Wildtier nicht dauerhaft mit Futter zähmen. Die Füchsin muss jagen lernen, darf ihre natürliche Angst vor dem Menschen nicht verlieren.

Gefährtinnen

Die junge Füchsin war ebenso zutraulich wie verspielt – und wich der Forstwirtin Anna Rummel monatelang nicht von der Seite

Anna tauft sie Sophie – und fährt bald fast täglich hinaus in das Waldstück, um das Tier zu treffen. Sobald sie das Auto verlässt, pfeift die Forstwirtin eine Melodie. Und auch ohne Leckerli dauert es selten lang, bis Sophie erscheint. Geduckt und mit wedelndem Schwanz springt sie herbei, grüßt oft schon von fern mit Winsel- und Kreischlauten, die Jungfüchse an ranghöhere Tiere richten.

Schnell sind sie einander vertraut

Schon bald werden die Treffen mit Sophie für Anna Rummel zu sehnsüchtig erwarteten Höhepunkten im Tageslauf. Erscheint die Füchsin einmal nicht, fragt sie sich, was geschehen sein mag: Wo steckt sie, was treibt sie? In der Forstwirtin wächst der Wunsch, mehr über das Leben ihrer Freundin zu erfahren. Und so beginnt sie, kleine Aus- ➳

Sophie lehrte die Forstwirtin, den Wald *mit den Augen eines Fuchses* zu sehen

flüge mit Sophie zu unternehmen. Von ihrem Treffpunkt aus laufen sie querfeldein. Anfangs rennt die Füchsin oft weit voraus. Doch schon bald passt sie sich dem langsameren Schritt der Begleiterin an.

Gemeinsame Abenteuer

Auf ihren Streifzügen zeigt Sophie der Forstwirtin Orte im Wald, die Anna Rummel nie zuvor betreten hat. An einem heißen Sommertag etwa leitet sie sie zu einer Senke herab: Dort führt eine versteckte Quelle auch in trockenen Zeiten klares und kühles Wasser. Anna lernt auch die Lieblingsplätze von Sophie kennen: etwa den Aussichtsfelsen, von dem aus der Blick weit über das Tal schweifen kann; oder die moosbewachsene Klippe mit Sicht auf den Wanderweg.

Tag für Tag wächst das Zutrauen der Freunde zueinander. Sophie genießt es, am Kinn gekrault zu werden. Und scheut auch ihrerseits keinen Körperkontakt. Mit großer Neugier beschnuppert sie Hände und Ohren, Rucksäcke, Jacken und Fototaschen. Und stiehlt begeistert, was immer die Forstwirtin unbeobachtet lässt: entwendet Objektivdeckel und Zigarettenschachteln, Notizbücher und Taschentücher – und versteckt sie. Manches verschwindet für immer.

Wochen vergehen. Anna Rummel lernt, den Wald wie ein Fuchs zu sehen. Auf den gemeinsamen Ausflügen erfährt sie, wo Sophie Brombeeren nascht, wie sie Insekten, Mäuse und Würmer jagt. Wie sie immerzu nach Markierungen, Losung und Duftspuren anderer Tiere sucht. Wie sorgfältig sie darauf achtet, keine Reviergrenzen fremder Füchse zu übertreten.

Einmal stört Sophie eine Wildschweinmutter mit Frischlingen auf – und entkommt der wütenden Bache nur nach wilder Flucht. Ein anderer Kampf verläuft weniger glimpflich: Sophie erscheint humpelnd am Treffpunkt, mit blutender Flanke und geschwollener Pfote. Anna Rummel ist besorgt, dass sich die Wunde entzünden könnte.

Doch sie verheilt nach einigen Tagen. Auch die Pfote bessert sich – langsamer zwar, doch bald setzt Sophie sie beim Laufen wieder auf.

Einen Sommer und einen Herbst lang weicht die Füchsin der Forstwirtin nicht von der Seite.

Zwar erscheint Sophie zuweilen nicht am Treffpunkt, ist aber am nächsten Tag meist wieder da, als ob die gemeinsame Zeit auch ihr ein tiefes Bedürfnis ist – und Anna ein Teil der Familie. Einmal legt Sophie eine bei der Jagd erbeutete Maus gar wie ein Geschenk vor ➻

Pfadfinder

Auf gemeinsamen Streifzügen führte Sophie Anna Rummel auch an verborgene Orte im Wald

Füchse gehören zur Familie der Hunde. In freier Wildbahn können sie bis zu neun Jahre alt werden. Sie sind vor allem in der Dämmerung und Nacht aktiv, zeitweilig aber auch tagsüber unterwegs.

Als äußerst anpassungsfähige Tiere haben Füchse fast alle Lebensräume der Erde erobert: Nördlich des Polarkreises sind sie ebenso heimisch wie in heißen Regionen wie Libyen oder Jemen.

Sophie war stets wachsam und behielt ihre Umgebung genau im Blick – oft aus erhöhter Warte

Nach etwa
28
Tagen verlässt ein Jungfuchs erstmals den Bau

Sophie als Welpe: Noch zeigte ihr Pelz Reste der für Jungtiere typischen graubraunen Färbung

Als der Winter *den Wald verwandelte,* nahte für die beiden der Tag ihres Abschieds

ihr ab, schnappt sie sich kurz darauf aber doch lieber zurück.

Auf eigenen Wegen

Der November bringt Schnee. Ausgelassen tollt Sophie durch den verwandelten Wald. Sichtbar wie nie zuvor zeigen sich Spuren von Wildschweinen, Mardern, Rehen.

Für Sophie endet nun ihre Kindheit: Nach etwa zehn Monaten werden Füchse geschlechtsreif, und mit dem Winter naht bald die Paarungszeit. Häufig ist sie jetzt angespannt und nervös. Wenn sie am Treffpunkt erscheint, prüft sie misstrauisch, ob Gefahr droht. Oft ist sie mehrere Tage verschwunden.

Anfang Dezember sieht Anna sie zum letzten Mal. Vielleicht hat Sophie sich einem Fuchsrüden angeschlossen. Oder allein ein neues Revier gesucht – die meisten Jungfüchse verlassen das Gebiet ihrer Eltern im späten Herbst. Womöglich wurde sie von anderen Füchsen vertrieben, die sie nur als Jungtier im Wald geduldet hatten.

Anfangs spürt Anna Wehmut. Doch mit der Zeit weicht dies der Dankbarkeit: dafür, an Sophies Leben teilgenommen zu haben. Ihr Vertrauen auf den Ausflügen gespürt zu haben – und von ihr gelernt zu haben, den Wald mit anderen Augen zu sehen.

Hautnah

Beim Spielen im Schnee suchte die Füchsin Annas Nähe. Auch vor der Kamera zeigte sie keine Scheu

Mich beeindrucken Füchse immer wieder durch ihre sprichwörtliche Schläue. Manche führen Krähen hinters Licht, indem sie sich totstellen – und dann nach den Vögeln schnappen, die sich am falschen Kadaver laben wollen.

Füchse besitzen einen herausragenden Geruchssinn und ein empfindliches Gehör. Wie Katzen haben sie senkrecht stehende Pupillen, die Augen sehen auch im Dunkeln gut.

Die Tiere leben allein oder in kleinen Familiengruppen. Als Allesfresser bevorzugen sie stets die am leichtesten verfügbare Nahrung: Im Sommer besteht sie großteils aus pflanzlicher Kost.

Im Atelier der Natur

Seminare über Land-Art werden immer beliebter. Wie fühlt es sich an, Natur in Kunst zu verwandeln? Und zu sehen, wie die Wellen schließlich alles davonspülen?

Kunst zu erschaffen und gleichzeitig der Natur verbunden zu sein, das ist der Kern von Land-Art

Hier ist Loslassen mit einem Mal ganz einfach

Wie ein gestrandeter Schiffsrumpf wirkt die Skulptur aus Treibgut. In den folgenden Tagen verändern Regen, Wind und Sonne die Werke weiter – so wird die Natur selbst zur Künstlerin

Versandet

Aus einfachen Stoffen erschaffen die Teilnehmer im Watt etwas Neues, etwas Schönes.

Kunstwerke, eingebettet in den ewigen Kreislauf der Natur

Ein Marsch raus ins Watt lässt sie der **Nordsee** ganz nah kommen. Die nackten Füße stapfen durch Priele und graben sich in den Sand

Auf der Suche nach Material schwärmt die Gruppe aus

Irgendwann kommt die Flut, dann leckt das Wasser an den kunstvoll in den Sand gesteckten Werken

Es hat etwas Meditatives, sich ganz in den Stoffen und Formen zu versenken, berichtet Autorin Petra Nickisch-Kohnke

Die Autorin

Text: Petra Nickisch-Kohnke
Fotos: Rainer Schulz

So eifrig habe ich mich schon lange nicht mehr erlebt. Unermüdlich grabe ich mit bloßen Händen schmierige, handtellergroße Brocken aus festem Schlick aus dem Boden und lege sie sorgfältig zwischen die Linien, die unser Kursleiter Rüdiger Ziegler gezogen hat.

Ganz simpel, mit einem selbst gebauten Zirkel aus zwei Holzstöckchen und einer Schnur, hat Ziegler in der Salzwiese zwei Kreise markiert, einen großen und darin einen etwas kleineren. Zusammen ergeben sie einen etwa ein Meter breiten Ring. Wir füllen den Zwischenraum aus und legen so eine Art Donut aus grauem Schlick.

„Schau mal, die matschen rum", kommentiert eine Spaziergängerin halb spöttisch, halb begeistert. Ganz Unrecht hat sie nicht. Das „Land-Art"-Wochenende in einer Station des Naturschutzbundes im Nationalpark Wattenmeer hat gerade erst begonnen – und meine Fingernägel sind schon tiefschwarz.

Der andere Teil der Gruppe hat offensichtlich das sauberere Projekt gewählt: Parallel zu uns füllen die Teilnehmer einen zweiten Ring mit hellen Schalen der Sandklaffmuschel. Die Teamarbeit zahlt sich aus – und unsere ersten beiden Kunstwerke sind schnell fertig.

Treibgut wird zur Kunst

Stolz überkommt mich. Und Staunen. Wie konnten wir so rasant aus Naturmaterialien etwas so Schönes erschaffen? Zwei geheimnisvolle Kreise inmitten von sattem Grün, der eine unergründlich dunkel, der andere schimmernd hell.

Dann versuchen wir uns an dem dritten Objekt, nach ähnlichem Prinzip: Um einen freihändig gezogenen Kreis legen wir helle Holzstöcke und Muscheln – alles Treibgut, das das Meer im »→

Aus Seegras, Muscheln und Federn entsteht ein asiatisches Mandala

Mehr Infos über die Land-Art-Seminare von Rüdiger Ziegler finden Sie auf www.schutzstation-wattenmeer.de. Der Kurs findet an einem Sommer-Wochenende statt und kostet 195 Euro pro Person.

Für naturbegeisterte Kreative bietet die Schutzstation Wattenmeer auch Foto-Workshops an – hier lernt man, die Wildheit des Watts in verschiedenen Lichtstimmungen perfekt festzuhalten.

Alles steht im
Kreislauf von Werden
und Vergehen

Wechsel von Ebbe und Flut auf den Salzwiesen und im Watt verteilt hat. Wie Sonnenstrahlen fließen die Stöcke aus der exakten Mitte heraus in die grasgrüne Landschaft.

Dies ist schon das zweite Erfolgserlebnis an diesem Nachmittag. Vor zwei Stunden war ich noch Anfängerin in der „Naturkunst", jetzt fühle ich mich schon ein wenig wie eine Meisterin.

Eine Skulptur entsteht

Der nächste Tag beginnt mit einem Marsch zu einer Sandbank im Watt. Unsere Füße stapfen durch Priele, graben sich in warmen Sand.

Rüdiger Ziegler bittet uns, Stöcke zu sammeln und leitet uns an, daraus eine Kugel zu stecken und anschließend noch eine Skulptur zu legen, die aus der Ferne ein wenig wie ein gestrandeter Schiffsrumpf wirkt. Ziegler ist freier Künstler in Norddeutschland und beschäftigt sich schon sein Leben lang damit, aus Naturmaterialien besondere Objekte zu erschaffen, an denen in der Folge Wind, Sonne und Regen noch weiter wirken.

Kunst erschaffen und gleichzeitig unmittelbar mit der Natur verbunden sein: Das ist der Kern der Land-Art. Wir schwärmen aus in die flache, luftige, von der Sonne gewärmte Landschaft und schauen, was die Nordsee auf der Sandbank an Material hergibt.

Mich hat die Arbeit vom Vortag so fasziniert, dass ich wieder mit Kreisformen arbeiten möchte. Ich sammle Schwertmuscheln und Herzmuscheln, experimentiere mit Seegras, und nach und nach ergibt sich ein Mandala, ein asiatisches Muster, das ich an vier Stellen mit Federn ergänze.

Unterdessen kommt unaufhaltsam die Flut. Das Meer erfasst bereits unsere nah an der Wasserkante gebaute Holzkugel, und ein Großteil der Gruppe schaut gebannt, was damit geschieht. Wird sie abgetrieben? Löst sie sich auf?

Ich habe dafür keinen Sinn, mein Mandala soll fertig werden. Immer wieder laufe ich zum Wasser, hole angeschwemmtes Seegras, um den äußeren Rahmen zu legen. Hunger? Durst? Müdigkeit? Nachher. Ich fühle mich erfüllt, bin vollkommen konzentriert und zielstrebig.

Diese Lust am Erschaffen, diese Freude am vielfältigen Material, das uns die Natur umsonst zur Verfügung stellt: Mit diesem Aufgehen im kreativen Prozess hatte ich vorher überhaupt nicht gerechnet.

Mittlerweile treibt unsere Holzkugel leicht verformt auf den Strand zu. Der Schiffsrumpf ist von den Wellen schon völlig aufgelöst worden – seine Bestandteile aber bringt das Meer zurück an Land. Stoff im ewigen Kreislauf der Natur.

Wir schauen am nächsten Tag, wie sich die Kunstwerke verändert haben. Die Donuts auf der Salzwiese ziehen noch immer Aufmerksamkeit auf sich. Touristen bleiben stehen, rätseln, machen Fotos.

Ein Schaf hat unterdessen unbeeindruckt einen Trampelpfad über das Kunstwerk angelegt. Unter seinem Gewicht sind die Muschelschalen zerbrochen, glitzern im Gras.

Auf der Sandbank ist die Verwandlung noch größer. Die Flut hat sich viele Kunstwerke schon wieder zurückgeholt, zerteilt, verwischt, wie ein Künstler weiter daran gearbeitet. Mein Mandala hat fürs Erste überdauert. Doch das ist nicht wichtig. Denn die Vergänglichkeit, so habe ich an diesem Wochenende gelernt, gehört zur Land-Art dazu. Und irgendwie ist Loslassen hier auf einmal ganz einfach.

Hunger? Durst? Müdigkeit? Davon ist hier nichts zu spüren

Blick in die Geschichte

Die Kunstrichtung Land-Art ist in den 1960er Jahren in den USA entstanden. Der romantischen Idee lag unter anderem der Gedanke zugrunde, Kunstwerke zu schaffen, die in keiner Galerie ausgestellt und daher nicht als Konsumgut vermarktet werden konnten.

In dem Buch »Naturwerkstatt Landart: Ideen für kleine und große Naturkünstler« von Andreas Güthler und Kathrin Lacher finden sich viele Anregungen, mit Kindern Kunst in der Natur zu schaffen.

Als Meister der Land-Art gilt der vielfach ausgezeichnete Brite Andy Goldsworthy. Mehr als 40 beeindruckende Kunstwerke sind in dem Bildband »Andy Goldsworthy, Projects« zu bestaunen.

Tel.: 02501/801 31 10 | www.landlust.de
Landlust
Jetzt im Handel
Landlust
NATUR ENTDECKEN
WILDER SEIDELBAST AM ISARSTEG
WASSERAMSEL: TAUCHER AM BACH
KÖGE: LAND AUS DEM MEER
IMKER WERDEN

1 m³ *Waldboden*

In der Dunkelheit des Erdreichs wimmelt es von Leben. Zigtausende teils skurrile Wesen siedeln in dieser verborgenen Welt. Ohne sie würde es den Wald darüber gar nicht geben

Illustrationen: Tim Wehrmann Text: Rainer Harf

Der Waldboden ist durchsetzt von unzähligen Poren und winzigen Gängen. In diesem Labyrinth wimmelt es von Milben (braun) und Bärtierchen, die sich vornehmlich von abgestorbenen Überresten ernähren

1. Schnecken Nackte Wegschnecken und Weinbergschnecken vertilgen Laub und Pilze

2. Mistkäfer Die schwarzen Insekten ernähren sich von Kot und bauen im Frühjahr Gangsysteme, in die sie Eier legen

3. Spinnen Zu diesen räuberischen Achtbeinern gehören Weberknechte

4. Hundertfüßer Die giftigen Gliedertiere gehen auf Jagd nach Insekten

5. Regenwurm Die Wühler fressen sich kreuz und quer durch die Schichten des Bodens und scheiden Humus aus

6. Asseln Oft krabbeln in einem Kubikmeter Boden Dutzende Asseln: Die Krebstiere fressen abgestorbenes Material

7. Erdkröte Sie überwintert im Boden und kommt im Frühjahr wieder ans Tageslicht

8. Larven Im Erdreich gedeihen Insektenlarven, die sich schließlich zum fertigen Tier, zum Beispiel einer Fliege, wandeln

9. Spitzmaus Die kleinen Säugetiere buddeln im Erdreich und fressen alle möglichen Insekten

10. Springschwänze Die Mini-Insekten sind wichtige Aasvertilger

In einer *Handvoll* Waldboden leben zehn Milliarden Organismen

Wer im Wald jenen Ort sucht, wo sich das meiste Leben tummelt, der muss nicht in die Kronen alter Eichen klettern und dort nach Vögeln und Insekten Ausschau halten. Oder verwunschene Lichtungen aufsuchen, auf denen Rehe und Hirsche äsen. Viel eher kann er sich einfach abseits des Weges bücken und eine Handvoll Walderde aufnehmen.

Vielleicht lassen sich bereits auf Anhieb einige Tiere erkennen, die zwischen den Krumen krabbeln: ein Hundertfüßer, der davonhastet. Eine Assel, die sich zusammenkugelt. Ein Würmchen, das zappelt.

Dies sind nur einige Bewohner eines verborgenen, vor Leben strotzenden Reiches, das wohl den wenigsten bekannt ist. Denn wer ahnt schon, dass er mit dem Häufchen Waldboden mehr Wesen in der Hand hält, als es Menschen auf der Erde gibt? Rund zehn Milliarden!

Der Boden ist ein Universum für sich. Schaut man ganz genau hin, fallen zum Beispiel Myriaden weißer Pünktchen auf, die da in der Erde hin und her wuseln: Das sind Springschwänze, flügellose Ur-Insekten. Und überall krabbeln kommakleine Milben herum, manche davon knallrot gefärbt.

Andere Tiere in diesem Untertagezoo sind erst mit dem Mikroskop zu erkennen – und sie sehen aus wie Aliens: etwa die Rädertierchen mit ihrem Rundmaul, um das Hunderte Wimpern schlagen. Oder die Bärtierchen mit acht Beinen und ausstülpbarem Rüssel.

Daneben finden sich im Waldboden Maden und Larven, glasige Fadenwürmer, dornige Einzeller sowie Bakterien, Mikroalgen, Pilze.

Jeder Akteur prägt den Kreislauf

Es ist kaum zu glauben, aber mehr als die Hälfte allen irdischen Lebens existiert nicht auf, sondern in der Erde. Und ohne dieses Treiben gäbe es den ganzen Wald darüber nicht. Denn das vielfältige Leben im Boden ist eine Art Schaltstelle für den Stoffkreislauf. Alles, was stirbt – Pflanzen wie Tiere –, wird hier zersetzt und perfekt recycelt.

Allein auf die Fläche eines Fußballfeldes fallen Jahr für Jahr rund 20 Tonnen Blätter, Nadeln, Zweige herunter. Würde niemand diese Masse abbauen, wäre der Wald bald unter seinem eigenen Laub begraben – und würde ersticken.

Doch glücklicherweise stürzt sich die bodenbewohnende Armada von Müllbeseitigern auf das tote Material. Und verarbeitet jeden Stängel, jedes Blatt, jeden Kadaver, jeden Kotkrümel. Mistkäfer verlustieren sich an der Losung von Hirsch und Wildschwein. Maden nagen an totem Getier. Zum Teil wühlen in einem Quadratmeter Waldboden mehr als 100 Regenwürmer, die unentwegt verrottende Pflanzen durch ihre Därme schleusen. Auch Springschwänze und Bärtierchen fressen organische Abfälle.

Und Heerscharen von Bakterien und Pilzen zerlegen die abgestorbene Biomasse in ihre Bausteine: in Salze und Nährstoffe. Die Pflanzen im Wald saugen diese Substanzen durch ihre Wurzeln wieder auf – und so wird alles, was auf den Waldboden fällt, wieder eingespeist in den ewigen Kreislauf von Werden und Vergehen.

Auf verwickelte, mitunter nur schwer zu durchschauende Weise nimmt jeder noch so kleine Akteur in diesem Kreislauf Einfluss auf das große Ganze.

Beispielsweise ist die skurrile Gemeinschaft der Erdarbeiter auf eher feuchte Böden angewiesen. Sobald die Pflanzen über ihnen prächtig gedeihen und dem Boden Wasser entziehen, geht ihre Anzahl zurück.

Damit sitzen aber auch die Fressfeinde der Bodenbewohner auf dem Trockenen: Spinnen und Laufkäfer, die Springschwänze, Asseln oder Milben verspeisen. Um zu überleben, suchen sich die Räuber nun andere Opfer. Und finden die oben auf den Bäumen in Form von Pflanzenschädlingen.

Indirekt kontrollieren die Zersetzer unter Tage also auch das Leben in den Wipfeln. ●

Über Laub

Mehrere Dutzend Schneckenarten kriechen in einem Buchenwald über Wurzeln, Stängel und Blätter. Wegschnecken etwa ernähren sich vorwiegend von Blättern, können mit ihrer Raspelzunge aber auch tote Kleinsttiere zerlegen

Statistisch wird die oberste Bodenschicht eines Laubwaldes alle 50 Jahre einmal komplett durch den Darm von Regenwürmern geschleust

Im Frühjahr ist die Bevölkerungsdichte am höchsten

Im Erdreich

Springschwänze (l.) und Asseln (r.) zählen zu den wichtigsten Beseitigern von organischen Abfällen im Wald. Sie bevölkern vor allem die Humusschichten nicht zu trockener Böden und vertilgen bevorzugt verrottende Pflanzenteile, aber auch Aas

Gewimmel:
80 %
aller Bodentiere leben in der oberen Streuschicht

Tunnel:
400 m
messen manche Gänge von Regenwürmern

Menge:
100 Mio.
Bakterien siedeln in einem Gramm Boden

Auf der Lauer

Räuberische Insekten wie die Weberknechte fressen andere Nährstoffverwerter, etwa Asseln oder Milben. Bis auf wenige Ausnahmen sind die Spinnentiere vor allem nachtaktiv; mit ihren extrem beweglichen Beinen tasten sie sich geschickt voran

Vier Fakten zum Staunen

1. Unterschlupf
Der Waldboden dient vielen Insekten als Winterquartier

2. Dämmmaterial
Unter einer Schicht Blätter ist es teilweise 30 Grad Celsius wärmer als draußen

3. Kooperation
Regenwürmer lassen Pflanzenreste von Mikroben vorverdauen

4. Dunkelland
Nur rund zwei Prozent des Lichts erreichen den Boden im Mischwald

Weshalb *versteckt* sich keiner so raffiniert wie er?

Er hat viele Feinde und ebenso viele Tricks, sich vor ihnen zu verbergen: Der Feldhase ist ein Meister der Tarnung – und vermag nicht nur optisch zu verschwinden

Drei Millionen Feldhasen hoppeln in Deutschland über Äcker und Wiesen – eine für Laien sicherlich überraschend hohe Zahl. Und doch: Zu Gesicht bekommt man kaum jemals einen der langohrigen Sprinter.

Denn der Feldhase ist ein äußerst scheues Tier, ein vorsichtiger Einzelgänger: eher in der Nacht aktiv und stets auf der Hut vor seinen vielen Feinden – Füchsen, Bussarden, Mardern, Raben oder Wildschweinen.

Um seinen Körper bestmöglich zu verbergen, gräbt er sich einen muldenartigen Unterschlupf, die Sasse. Das Versteck legt er bevorzugt auf Wiesen oder auch mitten im Acker an: dort, wo er aus seinen seitlich stehenden Augen einen perfekten Rundumblick hat.

Entdeckt er Feinde in seiner Nähe, duckt er sich rasch, presst die langen Löffel eng an den Körper und verharrt regungslos tief in seinem Versteck, bis die Gefahr vorbei ist.

Falls ihn doch mal ein Fuchs erspäht, nimmt der Feldhase augenblicklich Reißaus. Dank seiner langen Hinterläufe kann er kurzzeitig bis auf Tempo 80 beschleunigen – und er schlägt dabei so wilde Haken, dass seinen Verfolgern ganz schwindelig wird.

Kurz bevor er seine Sasse erreicht, setzt der Hase zu einem zwei Meter weiten Sprung an und landet passgenau in seinem Versteck. Und ist mit einem Mal wieder unsichtbar. Mehr noch: unriechbar. Denn dank des weiten Schlusssprungs findet der Jäger im Umkreis von zwei Metern ja keine Duftspur mehr.

Zudem hilft dem Feldhasen die besondere Färbung seines Fells. Denn das wechselt je nach Saison die Farbe: Im Sommer ist der Meister der Tarnung erdbraun, in der kalten Jahreszeit eher gräulich.

Und zuweilen nutzt der Hase im Winter einen weiteren Trick, um vom Blickfeld zu verschwinden: Er lässt sich in seiner Sasse einfach einschneien. ●

Ich liebe es, meine Besucher aus ihrem Alltag zu entführen: Das Essen nach dem ersten Baumfällen mag einfach sein, aber dabei entwickeln sich oft die besten Gespräche

Willkommen in meinem Revier!

Kein Smartphone, kein Bett, kein Herd: Wie lebt es sich im Wald? Ich probiere es mit Gästen in der Eifel aus

Text: Peter Wohlleben
Fotos: Benne Ochs

V

Viele Menschen erzählen mir von ihrer Sehnsucht nach einem Abenteuer in der Wildnis. Einmal nach Alaska, das wäre was! Einmal wie ein Trapper in den Rocky Mountains leben! Ich sage dann: Kommen Sie doch erst einmal in die Eifel. Denn in deutschen Wäldern gibt es genügend Möglichkeiten, kleine Abenteuer zu erleben.

Schon als Jugendlicher habe ich die Reiseberichte von Rüdiger Nehberg gelesen, jenem Bielefelder Konditor, der zum abenteuerlustigen Expeditonsreisenden wurde. Ich war hingerissen von seinen Naturerlebnissen mit Minimalausrüstung. In den 1990er Jahren habe ich dann selbst begonnen, mit Neugierigen mehrtägige Ausflüge in den Wald zu unternehmen.

Den Wald mit allen Sinnen erleben

Inzwischen ist daraus die „Waldakademie" geworden. Mit meinem Team bilde ich dort Waldführer aus, helfe Bürgern bei der Bewirtschaftung eigener Parzellen. Aber vor allem versuche ich, Menschen den Wald so nahezubringen, wie es bei einem Spaziergang kaum gelingen kann. Sie können zum Beispiel eine Wanderung querfeldein erleben, mit Waldarbeitern und Pferden Baumstämme rücken, mit Experten nach Pilzen suchen – oder mit mir zwei Tage und zwei Nächte mitten im Wald verbringen.

Mitnehmen dürfen meine Gäste nur Schlafsack, Isomatte, Waschzeug, Tasse, Messer. Kein Telefon. Alles andere kommt von uns: Töpfe, Pfannen, Verpflegung, Geräte. »→

Einen Baum fällen, wie geht das eigentlich? Ich zeige meinen Gästen, wie Menschen es vor 100 Jahren gemacht haben: mit der Zweimannsäge, viel Fleiß und dem nötigen Teamwork

Holzarbeit

Sägestolz

Es ist ökologisch sinnvoll, hier und da Fichten zu fällen, um Platz zu schaffen für junge Buchen

Am Ende der Sägearbeit heißt es: Gemeinsam drücken, bis der Baum nachgibt. Stamm für Stamm ernten wir auf diese Weise, um sie zu einer Blockhütte zusammenzufügen. Die Arbeit raubt Kraft und beflügelt gleichermaßen

Damit die Brathähnchen am Abend knusprig sind, kommen sie schon mittags auf den Spieß. Dass wir die Mahlzeiten rustikal zubereiten, rundet das Abenteuer ab

Die Gespräche über den Wald sind oft viel wichtiger als die Arbeit im Wald

Dämmerrunde

Was darf man im Forst alles machen? Woran erkenne ich gutes Feuerholz? Wie erzeuge ich Funken mit Feuerstein und Stahl? Darüber mehr zu erfahren fesselt jeden, der ohne Hilfsmittel im Wald übernachten will. Dazu gehört auch: Fichtenzweige zu Schlafstätten aufzuschichten

Am Lagerplatz inmitten des Fichtenforstes heißt es gleich: Bäume fällen! Und zwar so, wie es Menschen vor 100 Jahren gemacht haben: Mit der Zweimannsäge arbeiten sich die Teilnehmer durch den Baum, bis am Ende nur noch eine schmale Kante Stamm und Stumpf zusammenhält. Dann gilt es: gemeinsam drücken – bis der Baum dumpf auf den Boden sackt.

Manche johlen vor Freude, andere stehen nur stumm da und staunen. Auch mich erfüllt dieser Moment immer noch mit Ehrfurcht: Ich, ein Mensch, kann Bäume töten – und darf deshalb nie vergessen, verantwortungsvoll mit dieser Macht umzugehen.

Ein Trost: Das Fällen ist ökologisch sinnvoll, weil es hilft, über so entstandene Lücken im Kronendach junge Buchen nachzuziehen, die die naturferne Plantage - denn nichts anderes sind unsere Wälder - ersetzen sollen.

Mit Äxten und Schäleisen befreien die Teilnehmer die Bäume von Zweigen und Rinde, zerlegen sie, behauen die Enden mit Beilen. Späne fliegen. Stamm für Stamm fällen wir, um sie zu einem quadratischen Bau zusammenzufügen, zu einer Blockhütte. Schweißtreibend!

Das Einmaleins des »Bushcrafting«
Nur langsam geht es voran, vor allem, wenn das Gespräch über den Wald viel wichtiger wird als die Arbeit: Wie geht es unseren Bäumen? Was darf man im Wald machen? Welche Tiere gibt es? Aber auch: Wie erkenne ich gutes Feuer- ↠

Beglückt beobachte ich, wie hilfsbereit meine Besucher miteinander umgehen

holz? Wie gehe ich richtig mit einem Messer um? Wie erzeuge ich Funken mit Feuerstein und Stahl?

Dies ist das Einmaleins des „Bushcrafting" – ein noch recht neues Wort in Deutschland für etwas sehr Altes: Übernachten im Wald, möglichst ohne Hilfsmittel.

Ein erstaunlich warmes Fichtenbett

So vergehen die Stunden, aber irgendwann ist sie da, die eine, bange Frage: Wo sollen wir eigentlich schlafen? „Wie Menschen es in der Wildnis schon immer getan haben", sage ich und habe ein bisschen Spaß an den erschrockenen Blicken der anderen. Zusammen stutzen wir die Fichtenzweige der gefällten Bäume und schichten sie rings um das Lagerfeuer zu Betten auf.

Dann gibt es Abendessen. Erbsensuppe mit Mettwürstchen. Bratkartoffeln mit Spiegelei. Brathähnchen. Vor uns knistert das Lagerfeuer, hinter uns senkt sich die Nacht zwischen die Bäume. Manchmal packt einer eine Mundharmonika aus.

Aber bald geht es in den Schlafsack. Einige Gäste lauschen noch ins Dunkel, nicht wissend, dass es im Wald nachts ziemlich still ist. Doch irgendwann schläft jeder. Das Fichtenbett ist erstaunlich weich, warm und federnd.

Am Morgen gibt es nach Kaffee und Brötchen neue Aufgaben für die Arbeit an der Blockhütte. Und schnell zeigt sich, wie wenig wir es gewohnt sind, uns selbst zu beschäftigen. Meine Gäste erwarten oft ein Programm – was sehr menschlich ist in der heutigen Zeit.

Aber ich nehme ihnen gewissermaßen die Fernbedienung weg. Zwar leite ich sie ein wenig an, doch es geht auch darum, für sich selbst zu sorgen oder für andere.

Inmitten des Waldes entdecken viele, dass wir Menschen als Gruppe eben besser funktionieren als jeder für sich. Ob tragen oder sägen, suchen oder kochen: Gemeinsam geht es leichter.

Und so beobachte ich oft beglückt, wie rücksichtsvoll und hilfsbereit meine Gäste miteinander umgehen. Der Wald kann aus Menschen das Beste hervorkehren.

Nach zwei Tagen und zwei Nächten ist aus der Gruppe eine Gemeinschaft geworden. Schwer fällt der Abschied, Telefonnummern werden ausgetauscht. Und mancher blickt enttäuscht, weil die Blockhütte nicht fertig geworden ist (und aus den Stämmen später doch nur Feuerholz wird).

Aber das ist die letzte und vielleicht wichtigste Lektion: Wenn wir uns auf die Natur einlassen, sollte es uns nicht wie im Alltag darum gehen, ein bestimmtes Vorhaben zu erreichen, ein Projekt abzuschließen, ein Ergebnis zu erzielen.

Denn der Weg selbst ist Abenteuer genug.

Obhut

Die nächtliche Stille im Wald hat irgendwann jeden zur Ruhe kommen lassen. Nach dem Erwachen stärken wir uns mit Kaffee und Brötchen – und setzen die Arbeiten an den Bäumen fort

In Wershofen in der Eifel betreibt Peter Wohlleben seine Waldakademie. Das Angebot reicht von geführten Wanderungen über Pilzseminare bis hin zu Übernachtungen unter freiem Himmel.

Das Buch »Mikroabenteuer: Raus und machen!« von Christo Foerster gibt zahlreiche Anregungen, welche Outdoor-Erlebnisse vor der Haustür kleine Fluchten aus dem Alltag bieten.

Baugemeinschaft

Nach zwei Tagen Schufterei steht zwar nur ein Bruchteil einer ursprünglich geplanten Blockhütte (aus der später Brennholz wird), doch alle lernen: Nicht das Ergebnis zählt, sondern das gemeinsame Abenteuer

Der Staat der Frauen

Ameisen sind winzige Tiere, doch sie entfalten erstaunlich große Kräfte: Sie können zum Beispiel Tiere überwältigen, die 100-mal so schwer sind wie sie selbst. Diese Leistung schaffen sie nur in der Gemeinschaft – und die besteht hauptsächlich aus Weibchen

Illustrationen: Armin Schieb Text: Rainer Harf

Waldameisen leben in Kolonien von oft mehreren Hunderttausend Tieren. Die meisten sind unfruchtbare Weibchen, die alle möglichen Arbeiten verrichten. So besorgen sie Nadeln, Knopsen und Zweige für den Bau ihrer imposanten Heimstätte: Das Hügelnest kann mehr als einen Meter aufragen. Teamwork steht auf der Tagesordnung der kleinen Insekten: Ist beispielsweise ein Zweig zu groß für ein einzelnes Tier, packen gleich mehrere Arbeiterinnen an und schleppen den Fund zum Bau. Im Frühjahr werden Ameisen mit Flügeln geboren: Weibchen und Männchen, die zum Hochzeitsflug abheben.

Im Inneren des Nests werden ständig neue Ameisen geboren

Ein Ameisenhügel sieht von außen wie ein einfacher Nadelhaufen aus. Doch ein Blick ins Innere *(unten)* zeigt, dass so ein Hügel ganz schön kompliziert aufgebaut ist. Das Nest der Ameisen, meist um einen Baumstrunk aufgeschichtet, reicht weit in den Erdboden hinein und ist von vielen Kammern und Gängen durchzogen. Im Hügel ist es stets angenehm warm: beste Bedingungen für die Ameisenbrut. Die fruchtbare Ameisenkönigin hält sich in den Kammern des Strunks auf *(1)*: Gut geschützt legt sie dort in einem fort Eier *(2)*, um die sich die unfruchtbaren Arbeiterinnen kümmern. Sie tragen die Eier in tiefere Kammern *(3)*. Sobald daraus Larven schlüpfen, werden die in andere Kammern verfrachtet *(4)*. Nach einiger Zeit verpuppen sich die Larven *(5)*. Und schließlich schlüpfen sie als ausgewachsene Arbeiterinnen aus den Kokons *(6)*.

Kurz währt das Leben der Männchen: Sie sterben nach dem Sex

Ganze Schwärme flügeltragender Ameisen schwirren im Frühjahr durch den Wald: Es sind fruchtbare Weibchen und Männchen (auch Drohnen genannt) auf ihrem Hochzeitsflug, und sie verströmen dabei betörende Düfte *(farbige Schwaden im Bild)*. In der Luft drängen die Drohnen Rivalen ab und ergreifen die Jungköniginnen. Das Paar fällt zu Boden, wo das Männchen sein Weibchen begattet – und daraufhin stirbt. Die Jungkönigin lässt sich oft von mehreren Männchen befruchten, bis sie schließlich ihre Flügel abbricht. Manche Jungköniginnen landen auf ihrem Mutternest, andere lassen sich von fremden Völkern adoptieren, wieder andere versuchen, ein eigenes Volk zu gründen. In ihrem Leib trägt jede von ihnen nun genügend Spermien, um ihr ganzes Leben lang unentwegt Eier zu legen: damit der Frauenstaat stets genügend Nachwuchs bekommt.

Die einzelne Ameise zählt fast nichts – das Volk dagegen alles

Betrachtet man einen Ameisenhügel aus der Nähe, bietet sich ein fast chaotischer Anblick: tausendfaches Treiben! Wie wild rennen die Insekten durcheinander, manche bleiben ruckartig stehen, um gleich darauf weiterzukrabbeln und in einem der Gänge zu verschwinden, die ins Innere des Haufens führen. Begegnen sich zwei Tiere, betasten sie einander aufgeregt mit ihren Fühlern. Und überall erblickt man Ameisen, die Fichtennadeln packen und das Baumaterial zum Hügel transportieren.

Wer sich traut, sollte seine Hand dicht über den Haufen halten. Und zusehen, wie die Krabbler nun von allen Seiten herbeieilen, ihre Hinterleiber in die Höhe recken und Flüssigkeit verspritzen. Riecht man dann an seiner Hand, sticht es unangenehm in der Nase: Ameisensäure!

Die Insekten mögen winzig sein, doch sie sind furchtlos und sie verteidigen ihr Nest vehement. Mit ihren kollektiven Säureattacken schlagen sie sogar Bären in die Flucht.

Das Erfolgsgeheimnis der Tiere (weltweit leben zehn Billiarden Individuen, die so viel Gewicht auf die Waage bringen wie die gesamte Menschheit!) liegt in der Hingabe für die Gemeinschaft. Die einzelne Ameise bedeutet fast nichts – das Volk dagegen alles.

Bei den hiesigen Waldameisen zählt ein solches Volk oft mehrere Hunderttausend Mitglieder. Und die sind fast nur weiblich: Es gibt fruchtbare Königinnen, die geschützt im Nestinneren Eier legen, sowie zahllose unfruchtbare Arbeiterinnen, die man auf und um den Haufen erblickt. Nur im Frühjahr werden fruchtbare Männchen und Weibchen geboren, die sich zu einem Hochzeitsflug aufmachen (siehe Seite 126).

Die vielen Arbeiterinnen kümmern sich um Errichtung und Pflege des Ameisenhaufens, wehren Feinde ab, schaffen Nahrung heran, um Königin und Larven zu füttern, und sie halten das Nest peinlich sauber: Tote Schwestern tragen sie zum Beispiel prompt aus dem Bau.

Die arbeitsame Gemeinschaft funktioniert nur, weil die Insekten ständig miteinander kommunizieren. Und zwar vor allem über Düfte. In speziellen Drüsen können Ameisen verschiedenste Aromen erzeugen. Mit manchen dieser Stoffe markieren sie die Wege zu Nahrungsquellen – Pfade, denen andere Mitglieder des Volkes zum Futter folgen. Andere Düfte bilden eine Art Stallgeruch: Daran erkennt jedes Tier, ob eine andere Ameise, die den Weg kreuzt, zum eigenen Volk gehört. Und der Geruch von Ameisensäure alarmiert und ruft augenblicklich Verstärkung herbei.

So chaotisch das Treiben auch erscheint: Jedes Tier folgt einer Aufgabe. Schon das einzelne Individuum ist zubeachtlichen Leistungen fähig, doch durch die dauernde Kommunikation stehen Tausende Miniaturgehirne miteinander in Verbindung. Nur so schaffen die Tiere es, derart komplizierte Bauten wie einen Ameisenhaufen zu errichten.

Forscher bescheinigen ihnen daher sogar eine besondere Form von Klugheit: eine kollektive Intelligenz, mit der die Winzlinge weit über sich selbst hinauswachsen.

Viele Tiere fürchten das Gift der Ameisen. Für manche Vögel allerdings ist es ein Segen: Sie baden förmlich in den Hügeln – und lassen ihr ausgebreitetes Gefieder von den Insekten mit Ameisensäure besprühen. Ein pfiffiger Weg, um lästige Parasiten loszuwerden!

Gemeinsam sind sie stark

Wie eine Ameisenstraße ensteht

Hat eine Ameise im Wald einen lohenden Leckerbissen gefunden – zum Beispiel Blaubeeren, kehrt sie zum Nest zurück und legt dabei eine spezielle Duftspur (rötlich). Diesem unsichtbaren Pfad folgen andere Arbeiterinnen aus dem Nest.

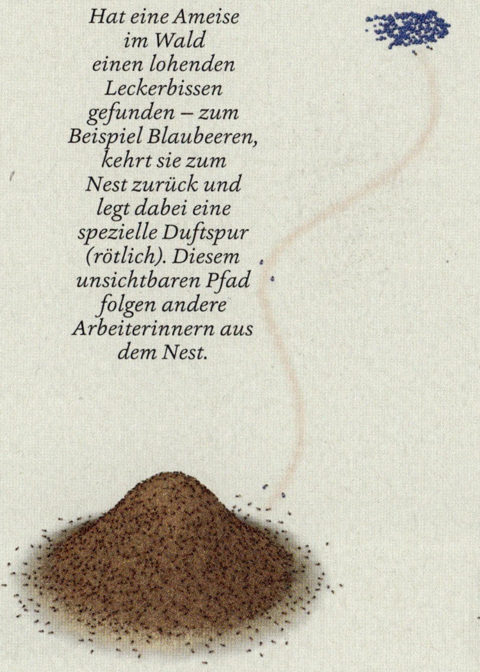

Die Ameisen, die dem Weg zur Futterquelle folgen, ziehen ihrerseits eine Duftspur hinter sich her. Dadurch verstärkt sich der Geruch des Pfades. So werden immer mehr Ameisen aus dem Nest zur Futterquelle gelockt. Eine Ameisenstraße bildet sich.

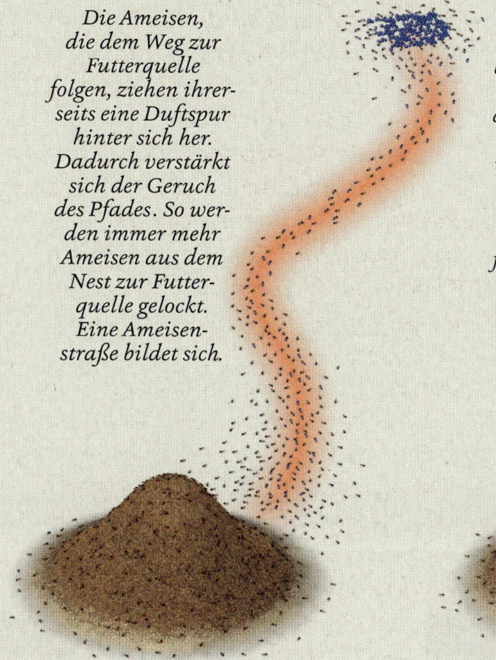

Sobald genügend Ameisen damit beschäftigt sind, das Futter zu plündern und ins Nest zu transportieren, werden keine neuen Duftspuren mehr gelegt. Der unsichtbare Pfad verflüchtigt sich zunehmend. Ganz allmählich verliert sich die Ameisenstraße.

Die Älteren sind im Außendienst tätig

Im Ameisenstaat herrscht Arbeitsteilung: Älteren Arbeiterinnen fallen zahlreiche Aufgaben im Außendienst zu. Sie gehen auf die Suche nach Baumaterial wie Nadeln und Zweigen, sie schaffen Nahrung (Beeren oder Insekten) heran. Und sie verteidigen das Nest erbittert gegen Feinde.

Die Jüngeren verdingen sich als Pflegekräfte

Die jüngeren Arbeiterinnen verrichten alle Aufgaben, die im Nest anfallen. Hierzu gehört die Pflege der Brut – etwa die Versorgung und Säuberung der Larven. Die jungen Ameisen schaffen zudem Abfall aus dem Nest. Und sie kümmern sich um die Königin, die gefüttert werden muss.

In der letzten Wildnis Europas

Wer hoch im Norden von Schweden wandern will, darf keine Scheu vor Nässe haben – und wird dafür belohnt durch grandiose Naturlandschaften und viel Einsamkeit

Text und Fotos: Peter und MiriamWohlleben

August im hohen Norden: Eine regenfeste Ausrüstung ist unerlässlich, will man – wie wir – eine Woche durch Lappland wandern

Allein zu zweit

S

Schon immer habe ich Sehnsucht nach unberührter Natur gehabt, doch die findet man in Europa kaum noch. Ganz hoch im Norden, in Lappland, gibt es sie noch. Dort liegt das UNESCO-Welterbe Laponia, ein Zusammenschluss mehrerer Nationalparks und Naturreservate, insgesamt fast 10 000 Quadratkilometer groß. Keine Straße, keine Stromleitung, keine Telefonverbindung – das ist doch das Richtige für einen Abenteuerurlaub!

Meine Frau Miriam und ich haben früher Kanutouren gemacht und waren auch schon häufiger im Norden unterwegs. Diesmal aber soll es extremer sein: Wir wollen eine Woche in dieser Wildnis wandern, wollen dem schmalen Padjelantaled folgen, einem Wanderweg, kaum sichtbar in den Weiten der rauen Gebirgswelt.

Der Anfang: Regen, Regen, Regen

Wir starten an einem regnerischen Augusttag in Stáloluokta. Diese kleine Siedlung samischer Rentierhirten duckt sich im Wind, der malerische See Virihaure liegt wolkenverhangen zu unseren Füßen.

Schon die ersten Meter holen uns aus unseren Urlaubsträumen: Der kaum erkennbare Pfad vor uns hat sich stellenweise in einen Bach verwandelt, meine Brille ist ständig voller Regentropfen, und die Gedanken schweifen schon zum Nachtlager: Hoffentlich finden wir einen guten Zeltplatz, hoffentlich wird nicht alles nass! ➳

Ein Rentiergeweih am Wegesrand. Die Route führt uns am Nachmittag zu einer Senke, in der wir unser Zelt aufschlagen; drinnen ist es trocken

Einpacken

Viele Pflanzen haben es nicht leicht unter den harschen Bedingungen, aber Moose und Flechten finden sich hier fast überall – und sind ein weicher Untergrund fürs Zelt

Unser Pfad hat sich stellenweise in einen Bach verwandelt

17 Kilogramm wiegt Miriams Rucksack zu Beginn, 23 meiner. Von Tag zu Tag wurde die Last leichter – und doch mussten wir am Ende feststellen, dass wir viel zu viel Proviant dabei hatten

Schon nach einigen Kilometern bietet sich eine kleine Senke mit Grasbewuchs zur Rast an – wir lassen es am ersten Tag ruhig angehen. Schnell ist das knallrote Zelt aufgeschlagen. Die Isomatten werden aufgepumpt, die Schlafsäcke ausgerollt, fertig ist unser heimeliges Zuhause.

Auf dem Spirituskocher erhitzen wir Wasser und gießen es in die Tüten mit Fertignahrung. Currynudeln mit Huhn – wie mag so etwas nach zehn Minuten Aufbrühen schmecken? Ausgewählt haben wir das Essen in erster Linie nach möglichst viel Kalorien. Das zweite Kriterium war: etwas Abwechslung. So haben wir auch noch Jäger- und Kartoffeltopf, Lachs mit Nudeln und Milchreis im Angebot. Die Currynudeln schmecken erstaunlich gut und machen vor allem satt.

Der Regen prasselt aufs Zelt, und wir lesen in unseren E-Readern – echte Bücher wären zu schwer.

Vor uns plötzlich ein Sumpf

Nach einer erholsamen Nacht begrüßt uns ein nebelfeuchter Morgen, aber immerhin regnet es vorerst nicht mehr.

Wir essen ein kleines Müsli, dazu gibt es Kaffee – die Seele kann baumeln. Der morgendliche Blick aufs Smartphone und die Nachrichtenlage der Welt fallen mangels Empfang aus. Herrlich! Das klatschnasse Zelt ist schnell verstaut, und gut gelaunt marschieren wir los.

Doch rasch müssen wir umplanen. Der nächste, vermeintlich kleine Bach ist in Wirklichkeit so tief und breit, dass wir nicht hindurchkommen. Warum nicht höher in die Berge steigen und ihn einfach umgehen? Das klappt auch ganz gut, doch dafür finden wir uns plötzlich in einem großen Sumpf wieder. Ich hätte es wissen müssen – so etwas ist uns vor Jahren schon einmal passiert, und die kleinen Weidenbüsche, die schon von Weitem zu sehen waren, deuteten genau auf solche Verhältnisse hin.

Nach einer Stunde stehen wir endlich wieder auf dem Pfad, der sich weiter durch die Tundra des Gebirges schlängelt. Stunde um Stunde stapfen wir hintereinander her, wechseln uns mit der Führung ab und ziehen die Kapuzen tiefer ins Gesicht. Es hat wieder zu regnen angefangen, und zusätzlich pfeift ein kalter Nordwind.

An der Stromschnelle eines Gebirgsflusses rasten wir. Es gibt Schmelzkäse, Müsliriegel und Schokolade, das sollte genug Energie bis nach Duottar geben. Dort liegen kleine, unbewirtschaftete Hütten, die bei diesem Wetter ein paar trockene Stunden verheißen.

Kurz bevor wir ankommen, versperrt ein etwa 80 Meter breiter Fluss den Weg. Zum Glück ist er nicht so tief, dass wir die Stiefel ausziehen müssen. Wenn wir unsere Füße sorgfältig setzen, dann sollte kein Wasser oben hineinlaufen.

Jetzt schneit es auch noch!

In Duottar angekommen, melden wir uns beim samischen Hüttenwart. Er weist uns ein Häuschen zu, in dem wir uns schnell wohlfühlen. Durch die Sprossenfenster schauen wir hinaus und sehen, dass der Regen in Schnee übergeht – unsere Entscheidung war richtig! Zu essen gibt es, Überraschung, Tütennahrung, die uns aber immer noch gut schmeckt. Und weil's so schön gemütlich ist, gönnen wir uns ➸

Seitenblick

Eine Kapuze ist eine prima Erfindung, nicht zuletzt bei der Morgentoilette. Weil das Wetter oft sehr schlecht war, übernachten wir einige Male in Hütten statt im Zelt

Wasserfest

Eine andere Welt, vertraut und doch auch fremd

Unser Weg führt uns durch eine weite und fast völlig menschenleere Heidelandschaft

hinterher noch Milchreis, der aber leider an echten nicht herankommt.

Im Schlafsack auf der Pritsche denke ich darüber nach, weshalb es für mich immer wieder Lappland sein muss. Sicher, hier ist es besonders menschenleer, und die alltägliche Informationsflut setzt mangels Funkverbindung vollständig aus. Neben der Zwangsentschleunigung reizt mich aber auch die Natur, für die Zeit keine Rolle zu spielen scheint. Die Vegetation wächst im Schneckentempo, ausgewachsene Birken und Weiden erreichen selten mehr als zwei Meter Höhe.

Wir sind hier ja schon in einer arktischen Landschaft, in der die Sommer extrem kurz sind. Zum Wachsen bleiben nur wenige Wochen Zeit, und die Schneestürme des Winters schmirgeln alles ab, was zu hoch herauslugt.

Im Überfluss gibt es dagegen Wasser, das überall rauschend und gurgelnd von den Bergen in die sumpfigen Täler drängt. Dieses Wasser ist so sauber, dass es bedenkenloser getrunken werden kann als das aus der heimischen Leitung.

Selbst der Blick in den Himmel erinnert nicht an zu Hause: Keine Flugzeuge, die Kondensstreifen in das Blau zeichnen, sofern sich dieses Blau denn einmal zeigt.

Mir fällt das Rentierskelett ein, das wir am Wegesrand gesehen haben. Die Knochen waren noch blutig; offenbar hat ein größeres Raubtier daran gefressen. Dieses Wissen, im Revier von Braunbär, Luchs und Vielfraß unterwegs zu sein, gibt der Wanderung eine besondere Note.

Eine heile Welt ist Lappland aber nicht mehr. Die Samen, Ureinwohner und Rentierhüter, lassen viel zu große Herden auf den grünen Berghängen grasen. Die halbwilden Tiere fressen derart viele Flechten und Zwergsträucher, dass sich die kaum noch erholen können.

Zudem nutzen Hirten oft Quads und Crossmotorräder, die tiefe Spuren in dem empfindlichen Moorboden hinterlassen. Andererseits sind die Samen eine Minderheit mit einem ähnlichen Schicksal wie nordamerikanische Ureinwohner und leben hier in einer Art Reservat. Ihre Schuld ist es sicher nicht, dass große Teile Nordschwedens nicht mehr ursprünglich sind.

Diese Gedanken an die arktische Vegetation, die Zivilisationsferne, die Langsamkeit und die Melancholie, gleichzeitig eine Glückseligkeit, diese schier endlose Weite zu erleben, bescheren mir eine Achterbahn der Gefühle. Ich packe den E-Reader aus, um ein wenig zu lesen, doch es gelingt mir nicht, in den Roman einzutauchen.

Am Morgen zeigt sich: Das Wetter mag sich nicht mehr ändern, und so planen wir fortan Hütten als Ziel ein. An die 17 und 23 Kilo schweren Rucksäcke gewöhnen wir uns langsam, und sie werden ja auch ständig ein wenig leichter.

Die Wanderung ist jetzt ein Genuss. Die Gedanken fliegen, kreisen dann wieder um die nächste Kuppe (kann man die Hütten schon sehen?), erspähen den nächsten

Lage: Das Welterbe-Gebiet liegt auf Höhen bis 1000 Meter; es gibt einige Hütten, die im Sommer zum Teil bewirtschaftet sind. Mit Glück zu sehen sind Steinadler, Schnee-Eule und Polarfuchs.

Anreise: Wer nicht gern tagelang im Auto unterwegs ist, kann bis Gällivare oder Luleå fliegen; von dort ist das Gebiet per Bus erreichbar. Auch von Norwegen aus lässt es sich erwandern.

Fluss (oh Gott, wie kommen wir da durch?), und unmerklich erholen wir uns prächtig. Unsere Körper, unser Geist machen genau das, wofür Menschen geschaffen sind.

Ein letztes Mal Tütennahrung

In Darreluoppal kommen die Rentiere bis unter das Hüttenfenster und fressen immer an der gleichen Stelle Zwergsträucher. Sie scharren mit den Hufen und mögen gar nicht mehr weggehen.

Wir sind begeistert, machen Fotos und genießen die nahe Begegnung. Da wird mir klar, weshalb die Tiere bleiben. Exakt auf dieser Stelle habe ich vorhin Wasser gelassen, und die Rentiere sind ganz wild auf das Salz!

Die nächsten Tage bringen uns tiefer hinab ins Tal des Darreädno, dem wir seitlich im Hang folgen. Immer wieder queren wir dabei Geröllfelder und sind froh, schwere Bergschuhe zu tragen, die ein Umknicken verhindern.

Die Hütte Såmmárlahpa ist gut belegt, daher starten wir am nächsten Morgen schon um 6.00 Uhr, damit wir wieder die Weite und Stille Lapplands genießen können.

Zwei alte Rentierbullen kreuzen unseren Weg und verschwinden zwischen den Birken. Hier wachsen die Bäume noch als Urwald, unangetastet von der Forstwirtschaft. Allerdings ist ein Urwald im schwedischen Gebirge kein Ensemble mächtiger Stämme, sondern besteht aus kaum fünf Meter hohen Bäumen, die relativ locker stehen. Da bleibt Platz für Preisel- und Blaubeeren, die wir reichlich naschen.

In der letzten Hütte bei Njunjes stellen wir fest, dass wir bei dieser Wanderung mal wieder viel zu viel Proviant dabei hatten. Unterwegs ist uns irgendwie der Hunger abhandengekommen; dazu trägt vielleicht bei, dass die Kost nicht gerade abwechslungsreich ist. Ein letztes Mal Tütennahrung – und nun kommt auch die Mousse au Chocolat zum Einsatz. Angerührt aus Pulver mit kaltem Wasser schmeckt sie selbst nach einer Woche Wildnis gewöhnungsbedürftig.

Wehmütig packen wir am nächsten Tag in Kvikkjokk die Ausrüstung in den Leihwagen, schalten die Telefone ein, checken E-Mails und merken dabei, dass uns die Zivilisation wieder voll im Griff hat.

Wir versprechen uns: Das war nicht das letzte Mal! Noch gibt es in Laponia zahlreiche menschenleere Routen, die wir entdecken können.

Müssen auch Bäume nachts *schlafen*?

Wer Lärchen, Fichten und Eichen mit hochpräzisen Messinstrumenten zu nächtlicher Stunde beobachtet, entdeckt Verblüffendes

Klar, Lebewesen schlafen: Vögel schlummern, Mäuse pennen, sogar Molche dösen. Sie alle passen ihr Leben an den Rhythmus von Tag und Nacht an. Aber was machen Bäume? Schlafen die auch?

Das ist, zugegeben, eine Frage, die einen im Alltag eigentlich nicht so beschäftigt – Forscher aber schon.

Um eine Antwort zu finden, nutzten Wissenschaftler moderne Lasertechnik, mit der ein Baum binnen Minuten präzise abgebildet werden kann. Auf diese Weise entwickelten die Forscher Aufnahmen ihrer botanischen Probanden in Serien, konnten also beobachten, ob sie sich im Verlauf der Nacht veränderten.

Alle Versuche fanden nahe der Tag-Nacht-Gleiche statt, zum Teil in Österreich, zum Teil in Finnland, unter ruhigen Wetterbedingungen, ohne Wind und Tau.

Die Resultate sind bemerkenswert: Jeder Baum sank im Verlauf der Nacht in sich zusammen, ein deutliches Indiz für eine Entspannung, die einem schlafähnlichen Zustand nahekommt. Die Blätter und Zweige senkten sich dabei kontinuierlich nach unten – bis zu zehn Zentimeter – und erreichten einige Stunden vor Sonnenaufgang ihre tiefste Position.

Morgens kehrten Blätter und Zweige wieder in ihre ursprüngliche Position zurück. Ob sie dabei vom Sonnenlicht aufgeweckt wurden oder einen inneren Wecker hatten, müssen die Forscher noch herausfinden.

Eines wissen sie aber jetzt schon: Vor allem nachts lassen Stämme ein leises Rauschen vernehmen. Zu diesem Zeitpunkt ist das meiste Wasser in den Bäumen enthalten, sie haben sich regelrecht aufgepumpt. Während der Nacht aber bewegt es sich nicht, anders als am Tag, es steht in den Leitungen, nichts fließt.

Woher kommen dann die Geräusche? Forscher vermuten, dass sich in der Dunkelheit Bläschen bilden und einen Baum auf diese Weise „schnarchen" lassen. ●

Der Kabarettist Dr. Eckart von Hirschhausen engagiert sich für Naturschutz

»Wir sollten die *Erde* so behandeln wie unser Wohnzimmer«

Peter Wohlleben und **Dr. Eckart von Hirschhausen** sprechen über ergreifende Gefühle im Wald – und die Rettung des Planeten

PETER WOHLLEBEN: **Eckart, wie geht's dir, wenn du im Wald bist?**
ECKART VON HIRSCHHAUSEN: Gut! Wenn ich im Grünen unterwegs bin, kann ich richtig durchatmen; Körper und Seele erholen sich. Besonders genieße ich es, wenn am Waldrand der Blick weit schweifen kann, nichts zu sehen ist, was Menschen geformt haben, keine Häuser, keine Autobahn. Dann stellt sich bei mir manchmal ein ganz erhabenes Gefühl ein: Ich fühle mich geborgen, aufgehoben – in etwas, das größer ist als ich.

Du kommst richtig ins Schwärmen.
Ja, ich erlebe in der Natur nicht selten etwas Spirituelles, etwas Göttliches. Sie lehrt mich, dass es einen übergeordneten Sinn geben könnte: Muster, Zusammenhänge, Gesetze, die wir Menschen nicht begreifen können.

Ich glaube nicht an etwas Übersinnliches, etwas Nicht-Messbares in der Natur, aber ich kann gut verstehen, welches Gefühl du beschreibst: Mich überkommt im Wald oft unwillkürlich eine tiefe, stille Freude. Nirgendwo kann ich so staunen und Kraft tanken.
Ich frage mich aber manchmal, ob wir zwei als Männer mit diesem Gefühl nicht eher ungewöhnlich sind. Es gibt ja auch die Jungs, die lieber eine Panzerfahrt durch den Wald als einen Waldbadekurs machen. Haben Frauen einen anderen Bezug zum Wald als Männer?

Also ich finde, es gibt definitiv einen Unterschied. Bei Führungen oder Lesungen erlebe ich häufig: Männer begeistern sich für Technik, schweres Gerät, Motorsägen – Frauen dagegen für alles Lebendige. Die möchten auch mal einen Baum umarmen und gehen eher sorgsam mit der Natur um.
Aber es ist höchste Zeit, dass wir alle das tun! Das hat mir erst kürzlich Jane Goodall so richtig klar gemacht. Ich gestehe: Ich bin ein wenig verliebt in diese große Schimpansen-Forscherin und Naturaktivistin, seit ich sie für „Hirschhausens stern Gesund leben" interviewen durfte. Sie hat mich mit einer Frage gepackt: „Wenn der Mensch immer betont, dass er die intelligenteste Art auf der Erde ist: Warum zerstört er sein eigenes Zuhause?"

Keiner deiner Leser entleert sich doch regelmäßig in seinem Wohnzimmer. Warum nicht? Weil uns das „heilig" ist, dort soll es schön sein und nicht stinken. Warum kapieren wir nicht, dass die Erde unser Wohnzimmer ist? Es gibt keinen anderen Planeten in diesem leeren kalten Universum, auf dem wir wohnen

»Stimmt! Pfleglich! Und das kann sogar *Spaß* machen«

Nur wer die Natur genießt, will sie auch verteidigen, sagt Peter Wohlleben

könnten. Und dieses Zuhause machen wir immer schneller und schwerwiegender kaputt.

Aber weshalb fällt es uns allen so schwer, danach zu leben?
Ich glaube, ökologisches Verhalten ist dem gesunden Verhalten sehr ähnlich. Wir alle wissen: Um gesund zu bleiben, dürfen wir nicht rauchen, müssen uns viel bewegen und Gemüse essen – tun es aber trotzdem nicht ausreichend. Der innere Schweinehund hält dagegen. Weil es bedeutet, dass wir auf manches Liebgewonnene verzichten müssen. Nur mit schlechtem Gewissen oder aus Zwang hält niemand lange durch. Wir können uns nur gesund oder ökologisch verhalten, wenn wir wiederentdecken, was uns wirklich guttut. Und statt an „Verzicht" an „Gewinn an Lebensqualität" denken. Denn unser Glück wird nicht größer durch Dinge, die wir nicht brauchen, sondern wenn wir öfter Radfahren, Essenspausen machen, frische Waldluft atmen.

Rund
30%
der Nahrung landen im Müll

Freundschaft

Genau. Bevor wir die Natur schützen können, müssen wir wieder lernen, sie zu mögen. Es hilft nichts, wenn wir mahnend den Zeigefinger heben. Wir müssen Menschen einladen, die Natur zu genießen.
Vielleicht lernen das aber erst wirklich die nächsten Generationen. Es ist wichtig, schon als Kind zu erfahren, wie wohltuend die Natur ist. Ich konnte als Kind Wanderungen nicht leiden, zumindest habe ich das behauptet. Ich dachte, es wäre uncool. Aber insgeheim habe ich die Ausflüge ins Grüne geliebt. Wie begeisterst du Kinder für die Natur?

Indem ich ihnen nicht alles verbiete, was ihnen Spaß macht. Bei »→

»Mutter Erde hat *Fieber*. Da hilft kein Abwarten mehr«

Eckart von Hirschhausen

Führungen frage ich sie: Darf man im Wald laut sein? Nein, da müssen wir flüstern, sagen sie dann, damit sich die Tiere nicht erschrecken. Wer hat euch das denn erzählt, frage ich. Ihr könnt ruhig schreien und rumrennen. Das finden die Tiere sogar besser, denn so wissen sie, dass ihr keine Jäger seid.
Wenn man als Kind die Natur nicht auf solche Weise kennengelernt hat, ist es als Erwachsener verdammt schwierig, einen Draht zu ihr zu entwickeln. Dann bleibt sie fern: eine grüne Umwelt, die nichts mit einem selbst zu tun hat. Natur ist dann der *Ficus benjamini* …

… in einem viel zu kleinen Topf, obwohl die Wurzeln sich gerne über vier, fünf Meter ausbreiten würden. Aber ich bekenne mich schuldig: Ich hatte so etwas früher auch in meiner Studentenbude.
Ich war als Schüler und später als Student ziemlich „öko". Irgendwann bin ich dann davon abgekommen, weil die Umweltbewegung damals oft so verbiestert war. Aber jetzt, nach meinem 50. Geburtstag, treibt mich der Schutz der Natur wieder sehr um. Für mich als Arzt ist gerade der Zusammenhang zwischen Gesundheit und Klimakatastrophe noch viel zu wenig im Bewusstsein. Es geht schon lange nicht mehr nur um Eisbären oder Bangladesch – sondern es geht auch uns an den Kragen. Deshalb finde ich es großartig, wie viele Schülerinnen und Schüler sich mit „Fridays for Future" engagieren, auf die Straße gehen.

Und was machst du konkret?
Ich kläre humorvoll auf und esse selber zum Beispiel viel weniger Fleisch, fliege weniger und vernetze hinter den Kulissen viele Akteure aus Wissenschaft, Medien und Politik. In meinem Bühnenprogramm erzähle ich, dass sich viele anders verhalten würden, wenn sie wüssten, was ihr Verhalten verursacht. Konkret müsste es einfach an der Supermarktkasse zu jedem Kilo Rinderhack von dem Kassierer einen 20-Liter-Eimer Gülle dazugeben mit den Worten: „Das haben Sie mitverursacht, Sie sind selber auch für die Entsorgung verantwortlich." Menschen würden sofort weniger Fleisch essen! Zudem bin ich Botschafter für die gemeinnützige Organisation „atmosfair": Da kann sich jeder ausrechnen lassen, welchen Schaden er in der Atmosphäre mit einem Flug anrichtet, und dann einen konkreten Betrag spenden, um in Maßnahmen zu investieren, die CO_2 einsparen helfen und kompensieren.

Aber jeder denkt: Ach, auf meinen Flug kommt es jetzt auch nicht an.
Ja, dieses Gefühl, dass das eigene Verhalten im globalen Maßstab völlig irrelevant ist, davon erzählen viele Menschen. Aber ich glaube, dass ist ein Trugschluss. Wenn abends vor mir im Publikum 2000 Menschen sitzen, sage ich: „Wenn jeder von Ihnen nur einmal im Jahr auf einen einzigen Flug verzichten würde, heben schon einmal zehn Flieger nicht ab." Dann bekommen die alle große Augen, denn es wird klar: Viele kleine Verhaltensänderungen können in der Summe eben doch etwas bewirken.

Das stimmt. Aber wer noch mehr tun will, der sollte politisch aktiv werden, sich einmischen. Zum Beispiel in einer Bürgerinitiative, die sich für die heimischen Insekten engagiert. Klar ist es gut, für den Schutz der Elefanten in Afrika zu spenden. Aber für unsere heimische Natur und unser Wohlbefinden ist es viel wichtiger, dass es unseren Insekten gut geht.
Erinnerst du dich an den Umweltexperten Frederic Vester? Der hat in den 1980er Jahren ein wunderschönes Buch gemacht: „Der Wert eines Vogels". Darin erklärte er, dass der Materialwert zwar nur bei ein paar Pfennigen liegt, aber dass ein Vogel wichtig ist für die Verbreitung von Samen, die Schädlingsbekämpfung, als Indikator für Umweltgifte oder als Partner für andere Arten. Und dann stellte Vester die Frage: Was würde all das kosten, wenn Menschen diese Aufgaben selber übernehmen müssten? Plötzlich war dieser Vogel sehr viel wert,

jedes Jahr 150 Mark. Das hat mir die Augen dafür geöffnet, dass wir uns klarmachen müssen, wie wertvoll die Natur eigentlich ist. Denn was nichts wert ist, ist nicht wichtig.

Genau. Und um den Menschen das zu vermitteln, lasse ich sie die Natur eben nicht nur genießen, sondern versuche auch, ihnen Wissen zu vermitteln. Denn manchmal verändert das den Blick. Wenn ich die Menschen zum Beispiel frage: Warum ist der Wald wichtig für den Klimaschutz? Dann antworten sie meist: Weil die Bäume CO_2 speichern. Das tun sie natürlich, aber viel wichtiger ist …
… die Kühlung.

Woher weißt du das?
Ich dachte an unseren Körper: Wenn der überhitzt, braucht er Kühlung. Er beginnt zu schwitzen. Und dann dachte ich daran, dass es im Wald immer kühler ist als außerhalb. Klingt nicht poetisch, aber ich würde sagen: Wälder sind die Schweißdrüsen der Erde.

Mithilfe von Verdunstung können Wälder Temperaturanstiege lokal tatsächlich sehr gut kompensieren. An einem Sommertag in Deutschland ist es im Wald manchmal bis zu 15 Grad kühler als in der Stadt! Und wenn die Menschen dieses neue Wissen über den Wald erworben haben, dann bestehen gute Chancen, dass er ihnen ein klein wenig wichtiger geworden ist.
Das klappt bestimmt nicht immer.

Na klar. Aber wir können ja nicht immer mit langem Gesicht herumlaufen. Kannst du die Sorge um die Natur auch mal vergessen, wenn du draußen bist? Kannst du dich noch ganz auf Tiere und Pflanzen einlassen, ohne düstere Gedanken?
Ja, aber ich musste erst entdecken, wie das geht. Als Freund der Natur denkt man ja immer: Schön auf den Wegen bleiben, damit ich nichts kaputt mache. Aber wirklich eintauchen kann man eben nur, wenn man auch mal querfeldein läuft. Da kommt dann Freude auf bei mir. Aber eines geht nicht weg: die Gewissheit, dass wir all das bewahren müssen.

Und zwar letztlich, um selbst gut leben zu können.
Das knüpft an die Religion an, an Christentum oder Buddhismus. Da heißt es ja: Was du anderen antust, das tust du dir selbst an. Und so könnte man auch sagen: Was wir der Natur antun, das tun wir uns selbst an. Schöpfung bewahren klingt so pathetisch. Aber sich als Geschöpf bewähren – das kann jeder von uns! ●

Bis zu
15° C
kühler ist es im Wald als in der Stadt

»Es hilft nichts, nur den *Zeigefinger* zu erheben«

Peter Wohlleben

Waldluft beruhigt die Nerven – und regt Gespräche an

Reisen, Urwälder und *der Zauber* des Sommers

Im neuen Heft **ab 14. Juni** 2019

Abenteuer: Der Stamm der Kwiakah First Nation hat mich nach Kanada eingeladen, um zu helfen, den dortigen Wald zu retten

Waldschützer

Kommen Sie mit zu den Indianern von British Columbia!

Folge einer Fehlentwicklung: Mehr als **50%** *des deutschen Baumbestandes sind Nadelgehölze*

Deutschland gilt als Waldland: Doch tatsächlich sind die allermeisten Baumbestände hierzulande Plantagen, in Reih und Glied gepflanzt. Wo können wir ihn tatsächlich noch finden, den echten deutschen Wald?

Meister der Tarnung: Manche Tiere verschmelzen fast mit ihrer Umgebung und passen sich gar den Farben der Saison an.

Europas größte Raubkatze, der Luchs, sprintet 70 km/h schnell und braucht ein Kilo Fleisch am Tag: Porträt eines Räubers.

Fast alle Tierkinder spielen. Weshalb eigentlich? Schließlich bringen sie sich beim Herumtollen sehr oft in tödliche Gefahr.

Beim Fliegenfischen taucht man in eine völlig andere Welt ein, fernab vom Alltagsstress, ganz eins mit der Natur

Das Watt ist ein überaus verblüffender Lebensraum: Im Verborgenen wimmelt es von Würmern, Muscheln, Krabben

Sommer ist Schmetterlingszeit. Weshalb sind die Insekten eigentlich so farbenprächtig?

Weitere Themen im nächsten Heft:

Jagd: Müssen wir Tiere wirklich erschießen?

Moore: Was sie so faszinierend macht

Wilde Gärten: So holen Sie die Natur nach Hause

Naturglück

Selbst in Zeiten des Smartphones begeistert Kinder kaum etwas so sehr wie die Natur. Und jeder Ausflug fördert ihre Entwicklung

Imkern: Bienen sind faszinierend, die Arbeit mit ihnen macht Spaß – und dann gibt es noch ein köstliches Naturprodukt